"十三五"职业教育新能源汽车专业"互联网+"

电动汽车维护保养
（配实训工单）

主　编　张珠让　尤元婷
副主编　梁华霖　张秋华
参　编　袁　亮　张积社　李运发　马鑫涛　何连宝
　　　　王永强　陈　伟　张　巍　何寿柏　张科锋
　　　　邬志军　包善治　徐　涛

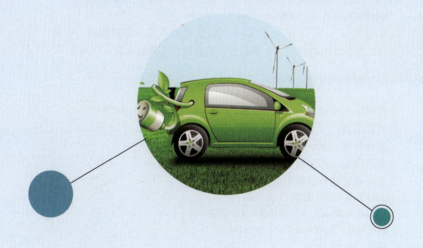

机械工业出版社

本书是"十三五"职业教育新能源汽车专业"互联网+"创新教材。本书是理论实训一体化教材，包括理论知识和实训工单两部分，分别单独装订成册，方便使用。理论知识包括电动汽车维护保养准备、电动汽车新车检查交付、电动汽车高压部件绝缘检测、电动汽车充电系统维护保养、电动汽车动力蓄电池系统维护保养、电动汽车冷却系统维护保养、电动汽车底盘维护保养、电动汽车制动系统维护保养、电动助力转向系统维护保养、电动汽车车身电器设备维护保养和电动汽车空调系统维护保养十一个项目。实训工单部分分别对应每个项目，每个实训工单以接收工作任务、信息收集、制订计划、计划实施、质量检查、评价反馈为主线，结合理论知识内容进行实践操作，形成理论实践一体化教学模式。

本书彩色印刷，图片清晰美观，内容新颖全面，同时运用了"互联网+"形式，在理论知识部分以二维码的形式嵌入视频、动画，方便读者理解相关知识，以便更深入地学习。

本书可作为职业院校新能源汽车、汽车维修等相关专业的教学用书，也可作为汽车维修企业内部培训资料，还可作为汽车维修技术人员和4S店工作人员的参考书。

图书在版编目（CIP）数据

电动汽车维护保养：配实训工单/张珠让，尤元婷主编．—北京：机械工业出版社，2018.3（2024.8重印）

"十三五"职业教育新能源汽车专业"互联网+"创新教材

ISBN 978-7-111-59065-1

Ⅰ.①电… Ⅱ.①张… ②尤… Ⅲ.①电动汽车－车辆修理－职业教育－教材②电动汽车－车辆保养－职业教育－教材　Ⅳ.①U469.72

中国版本图书馆 CIP 数据核字（2018）第 021125 号

机械工业出版社（北京市百万庄大街22号　邮政编码100037）
策划编辑：师　哲　　责任编辑：师　哲　张丹丹
责任校对：陈　越　　封面设计：张　静
责任印制：邓　博
北京盛通印刷股份有限公司印刷
2024年8月第1版第13次印刷
184mm×260mm・17.75 印张・423 千字
标准书号：ISBN 978-7-111-59065-1
定价：59.90元

电话服务　　　　　　　　网络服务
客服电话：010-88361066　　机　工　官　网：www.cmpbook.com
　　　　　010-88379833　　机　工　官　博：weibo.com/cmp1952
　　　　　010-68326294　　金　书　网：www.golden-book.com
封底无防伪标均为盗版　　　机工教育服务网：www.cmpedu.com

"十三五"职业教育新能源汽车专业"互联网+"创新教材

编审委员会

顾 问：

李一秀	北京新能源汽车股份有限公司
赵志群	北京师范大学职业与成人教育研究所
王凯明	博世中国
魏俊强	北京汽车修理公司
李东江	《汽车维护与修理》杂志社

主 任

杨加彪	北京新能源汽车股份有限公司

副主任

李春明	长春汽车工业高等专科学校
简玉麟	武汉交通学校
李玉明	德州交通职业中等专业学校
陈圣景	北京新能源汽车股份有限公司
吴宗保	天津交通职业学院
尹万建	湖南汽车工程职业学院
王福忠	山东交通职业学院

委 员

廖 明	罗 旭	张珠让	李玉吉	杨效军	费丽东	张潇月	李 娟	闫 力
沈有福	朱小菊	尤元婷	窦银忠	曹向红	贾启阳	赵全胜	吴中斌	林俊标
王爱国	姚道如	宋晓敏	冉成科	杨正荣	何孟星	刘冬生	朱 岸	施明香
宫英伟	陈文钧	陈社会	周乐山	占百春	尹爱华	谢永东	祝良荣	陈 宁
王胜旭								

特别鸣谢

新能源汽车技术对于职业教育来说是个全新的领域，北京新能源汽车股份有限公司十分关注我国职业教育的发展，充分体现了国有企业的社会责任。目前，职业教育新能源汽车专业教材相对较少，为响应国家培养大国工匠的号召，北京新能源汽车股份有限公司组织编写了职业教育新能源汽车专业系列教材，并由北京运华科技发展有限公司负责开发了课程体系。在编写过程中，北京新能源汽车股份有限公司提供了大量的技术资料，给予了专业技术指导，保证了本书成为专业针对性强、适用读者群体范围广的职业教育新能源汽车专业的实用教材，尤其是杨加彪、窦银忠、陈圣景、张国敏、李春洪等提出了大量的意见和建议。在此，对北京新能源汽车股份有限公司及北京运华科技发展有限公司在本书编写过程给予的所有支持和帮助表示由衷的感谢！

机械工业出版社

二维码索引

序　号	名　　称	二　维　码	页　码
1	新能源汽车维护保养项目		2
2	龙门式举升机操作使用		7
3	故障诊断仪的使用方法		11
4	北汽纯电动汽车高压系统介绍		36
5	车载充电机结构展示		38
6	DC/DC 变换器功能检查		50
7	BMS 的功能		54
8	冷却系统结构及工作原理介绍展示		63

（续）

序　号	名　　称	二　维　码	页　码
9	冷却液的更换		67
10	底盘基本检查		72
11	真空助力器工作原理		82
12	轮胎认知		85
13	转向系统结构介绍		96
14	辅助蓄电池静态放电电流测试		103
15	电气线束检查		107
16	制热工作原理		115

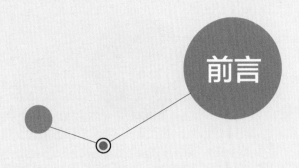

前言

随着汽车工业高速发展，汽车带来的环境污染、能源短缺、资源枯竭等问题日益突出。为了保持国民经济的可持续发展，2009年我国已将新能源汽车作为国家战略性新兴产业之一。新能源汽车产业已连续数年得到了国家政策和资金的大力扶持，因此发展十分迅速。目前，潜力巨大的新能源汽车市场已经形成，新模式必然产生新市场，新市场急需大量的新能源汽车技术人员。

新能源汽车技术对于职业教育来说是个全新的领域。为满足新能源汽车市场对新能源汽车人才的需求以及职业院校新能源汽车专业的教学要求，突出职业教育的特点，由北京新能源汽车股份有限公司牵头组织编写了本系列教材，对应的课程体系由北京运华科技发展有限公司组织开发。本系列教材是采用"基于工作过程"的方法开发的。在对新能源汽车技术技能人才岗位进行调研的基础上，分析出岗位典型工作任务，然后根据典型工作任务提炼了行动领域，在此基础上构建了工作过程系统化的课程体系。为方便职业院校开展一体化教学和信息化教学，本系列教材中每本教材包括理论知识和实训工单两部分，理论知识以项目任务引领，每个任务以学习目标、知识储备为主线，辅以知识拓展来丰富课堂教学。实训工单部分分别对应每个项目，每个实训工单以接收工作任务、信息收集、制订计划、计划实施、质量检查、评价反馈为主线，结合理论知识内容进行实践操作，形成理论实践一体化的教学模式。同时在理论知识部分运用了"互联网+"技术，在部分知识点附近设置了二维码，使用者可以用智能手机进行扫描，便可在手机屏幕上显示和教学资料相关的多媒体内容，可以方便读者理解相关知识，以便更深入地学习。

本书包括理论知识和实训工单两部分，两部分内容单独成册，构成一个整体。本书理论知识主要包括电动汽车维护保养准备、电动汽车新车检查交付、电动汽车高压部件绝缘检测、电动汽车充电系统维护保养、电动汽车动力蓄电池系统维护保养、电动汽车冷却系统维护保养、电动汽车底盘维护保养、电动汽车制动系统维护保养、电动助力转向系统维护保养、电动汽车车身电器设备维护保养和电动汽车空调系统维护保养。实训工单部分对应理论知识的每个项目任务，以接收工作任务、信息收集、制订计划、计划实施、质量检查、评价反馈为主线，对教学内容进行巩固，同时以实践操作为依托，达到理论实践一体化的目的。

本书由咸阳师范学院张珠让、天津恒硕科技有限公司尤元婷任主编，梁华霖、张秋华任副主编，袁亮、张积社、李运发、马鑫涛、何连宝、王永强、陈伟、张巍、何寿柏、张科锋、邬志军、包善治、徐涛参编。

在本书编写过程中，北京新能源汽车股份有限公司提供了大力的支持，北京运华科技发展有限公司开发了配套的实训项目和设备，在此表示衷心的感谢。

由于编者水平有限，书中难免有错漏之处，敬请读者批评指正。

编者

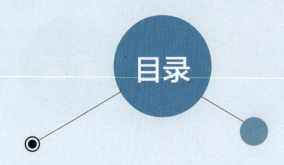

目录

二维码索引
前　言
项目一　电动汽车维护保养准备 …………………………………………………………… 1
　任务一　电动汽车车辆作业前场地准备 ………………………………………………… 2
　任务二　电动汽车维护保养工具使用 …………………………………………………… 6
项目二　电动汽车新车检查交付 …………………………………………………………… 15
　任务　　新车检测（PDI） ……………………………………………………………… 16
项目三　电动汽车高压部件绝缘检测 ……………………………………………………… 35
　任务　　高压部件绝缘检测 ……………………………………………………………… 36
项目四　电动汽车充电系统维护保养 ……………………………………………………… 44
　任务　　充电系统基本检查和维护 ……………………………………………………… 45
项目五　电动汽车动力蓄电池系统维护保养 ……………………………………………… 52
　任务　　动力蓄电池基本检查 …………………………………………………………… 53
项目六　电动汽车冷却系统维护保养 ……………………………………………………… 62
　任务一　冷却系统基本检查 ……………………………………………………………… 63
　任务二　冷却液的更换 …………………………………………………………………… 67
项目七　电动汽车底盘维护保养 …………………………………………………………… 70
　任务一　电动汽车底盘基本检查 ………………………………………………………… 71
　任务二　减速器油的更换 ………………………………………………………………… 74
项目八　电动汽车制动系统维护保养 ……………………………………………………… 78
　任务一　电动汽车制动系统基本检查 …………………………………………………… 79
　任务二　制动液的更换 …………………………………………………………………… 87
项目九　电动助力转向系统维护保养 ……………………………………………………… 94
　任务　　电动助力转向系统基本检查 …………………………………………………… 95
项目十　电动汽车车身电器设备维护保养 ………………………………………………… 101
　任务一　车身电器设备维护保养 ………………………………………………………… 102
　任务二　风窗玻璃清洗系统维护保养 …………………………………………………… 108
项目十一　电动汽车空调系统维护保养 …………………………………………………… 111
　任务一　空调系统基本检查 ……………………………………………………………… 112
　任务二　空调制冷剂的加注 ……………………………………………………………… 119
参考文献 ……………………………………………………………………………………… 127

Project 1

电动汽车维护保养准备

任务一　电动汽车车辆作业前场地准备

 学习目标

1. 掌握电动汽车维护保养作业规范。
2. 掌握电动汽车维护保养作业前场地的检查准备。

 知识储备

一、电动汽车维护保养作业规范

1. 电动汽车维护保养的作用

电动汽车在使用过程中，因为工作环境复杂，容易受到多种因素的影响，如各零部件会产生不同程度的磨损、变形、松动、老化、腐蚀及损伤，从而导致功能异常，甚至有可能危及行车安全。因此在汽车行驶一定里程或时间后，应对汽车进行全面的维护保养，以降低机件磨损速度，减少运行故障，使汽车具有良好的使用性和可靠性，延长使用寿命，确保行车安全。

2. 电动汽车维护保养安全操作规范

电动汽车动力系统采用高电压，维护保养过程中一定要坚持"以人为本，安全第一"的原则，安全一定要放到首位。

1）维护保养场地周边不得有易燃物品及与工作无关的金属物品，特别是动力蓄电池的存放和维护保养场地，无关人员和未经过高压安全培训的人员，不允许进入场地对电动车辆进行调试维护。

2）维护保养人员必须佩戴必要的防护工具，如绝缘手套、绝缘鞋和绝缘帽等。不得佩戴金属饰物，如手表、戒指等，工作服衣袋内不得有金属物件，如钥匙、金属壳笔、手机和硬币等。

3）与工作无关的工具不得带入工作场地，必须使用的金属工具，手持部分做绝缘处理，优先使用绝缘工具。

4）维护保养现场整车高压上电，必须两人以上进行，一人操作，另一人监护。

5）当整车故障必须拖车时，一定要把档位置于空档，以防止驱动电机超速发电，高压击穿电机控制器和其他高压部件。当不能挂空档或者不能确定档位时，必须卸下传动轴或者半轴，以确保驱动电机不超速运转发电。拖车车速不得超过15km/h。

6）维护保养过程中应严格遵循先低压后高压、先常规项后高压的顺序。如需要对高压部件进行移除或安装，在操作前必须测量部件输入输出

新能源汽车维护保养项目

高压接口端的电压及高压接口中正负极端子分别对车身搭铁的电压，确保无电压的情况下方可进行操作；若高于安全电压，请进行放电处理并进行验电。

3. 北汽新能源系列电动汽车维护保养级别、项目及内容

1）电动汽车维护保养级别根据行驶里程分为 A、B 两级，见表 1-1。

表 1-1　电动汽车维护保养级别

维护保养级别	维护保养项目	累计行驶里程/km					
		10 000	20 000	30 000	40 000	50 000	以此类推
A 级维护保养	全车维护保养	√		√		√	
B 级维护保养	高压、安全检查		√		√		√

2）北汽新能源系列电动汽车维护保养项目及内容见表 1-2，其他电动车辆维护保养内容可参考进行。

表 1-2　北汽新能源系列电动汽车维护保养项目及内容

系统类别	检查内容	处理方法	维护保养级别及项目	
			A 级	B 级
动力蓄电池系统	安全防护	检查并视情况处理	√	√
	绝缘	检查并视情况处理	√	√
	插接件状态	检查视情况处理	√	√
	标识	检查视情况处理	√	
	螺栓紧固力矩	检查视情况处理	√	√
	动力蓄电池加热功能检查	检查视情况处理	√	
	外部检查	清洁处理	√	√
	数据采集	分析视情况处理	√	
电机系统	安全防护	检查视情况处理	√	√
	绝缘检查	检查视情况处理	√	√
	电机及控制器冷却检查	检查视情况处理	√	√
	外部检查	清洁处理	√	
电器电控系统	机舱及各部位低压线束防护及固定	检查视情况处理	√	
	机舱及各部位插接件状态	检查视情况处理	√	
	机舱及底盘高压线束防护及固定	检查视情况处理	√	√
	机舱及底盘各高、低压电器固定及插件连接状态	检查视情况处理并清洁	√	√
	蓄电池	检查电量状态，并视情况处理	√	√
	灯光、信号	检查并视情况处理	√	√
	充电口及高压线	检查并视情况处理	√	√
电器电控系统	高压绝缘监测系统	检测并视情况处理	√	√
	故障诊断系统报警监测	检测检查并视情况处理	√	

（续）

系统类别	检查内容	处理方法	维护保养级别及项目	
			A级	B级
制动系统	驻车制动器	检查效能并视情况处理	√	√
	制动装置	泄漏检查	√	√
	制动液	液位检查	√	√
	制动真空泵、控制器	检查（漏气），并视情况处理	√	√
	前、后制动摩擦副	检查并视情况更换	√	√
转向系统	转向盘及转向管柱连接紧固状态	检查并视情况处理	√	√
	转向机本体连接紧固状态	检查并视情况处理	√	√
	检查转向横拉杆间隙及防尘套	检查并视情况处理	√	√
	检查转向助力功能	路试并视情况处理	√	
车身系统	风窗及洗涤刮水器	检查并视情况更换处理	√	√
	顶窗	检查并视情况处理	√	√
	座椅及滑道	检查并视情况处理	√	√
	门锁及铰链	检查并视情况处理	√	√
	机舱铰链及锁扣	检查并视情况处理	√	√
	后尾门（厢）铰链及锁	检查并视情况处理	√	√
传动及悬架系统	变速器（减速器）	检查减速器连接、紧固及渗漏	√	√
	传动轴	检查球笼间隙及护罩，并视情况处理	√	
	轮辋	检查、紧固，视情况处理	√	
	轮胎	检查胎压并视情况处理	√	√
	副车架及各悬架连接状态	检查紧固	√	
	前后减振器	检查渗漏情况及紧固，并视情况更换	√	
冷却系统	冷却液液位及冰点	液位及冰点测试，视情况添加	√	√
	冷却管路	检查渗漏情况并处理	√	√
	水泵	检查渗漏情况并处理	√	
	散热器	检查并清洁	√	√
空调系统	空调冷、暖风功能	测试并处理	√	√
	压缩机及控制器	检查压缩机及控制器安装及线束插接件状态	√	
	空调管路及连接固定	管路防护检查并视情况检漏处理	√	√
	空调系统冷凝水排水口	检查、处理	√	
	空调滤芯	检查处理	√	√

二、电动汽车维护保养作业前场地要求与准备

电动汽车维护保养场地要求通风良好、光线充足、地面平整宽敞，配备常用维护工具，气路、电路完整安全，如图1-1所示。除此以外，根据电动汽车的高电压工作要求，还必须具备以下条件：

1)场地周边无大功率电器电磁设备,不会对汽车电器电控设备的检测造成电磁干扰。

2)为保证操作中的绝对安全,场地工作区域警示标牌、标线清晰,隔离距离正常。四周要拉起警戒线,禁止未经安全培训人员及无关人员入内。

3)车辆操作区域地面铺设绝缘垫,工作前使用专用绝缘仪器进行绝缘性能检查,确保工作过程中的安全。绝缘垫绝缘性能检测方法如图1-2所示。围绕车辆四周地面选择四个点,车下中央部位地面选一个点进行测量,各点绝缘电阻均应大于500MΩ。

图1-1 电动汽车维护保养场地

图1-2 绝缘垫绝缘性能检测方法

4)配备电动汽车维护保养专用工具,工具安全防护等级符合要求,外观、性能完好,摆放整洁有序。电动汽车常用维修保养工具见表1-3。

表1-3 电动汽车常用维修保养工具

序号	工具仪器名称	用途	序号	工具仪器名称	用途
1	故障诊断仪(BDS)	读取故障码、数据流	7	护目镜	防止电弧烧伤眼睛
2	动力蓄电池举升车	拆装托举电池	8	绝缘安全帽	防止碰撞及触电
3	绝缘拆装工具	高压部件拆装	9	高性能数字万用表	高低压电路及电器元件测试
4	绝缘手套	高压部件拆装	10	红外线温度仪	高压端子温度检测
5	绝缘垫	举升机地面绝缘	11	灭火器	火灾防范
6	放电工装	电路余电释放	12	高性能绝缘表	检测高压系统绝缘性能

5)消防设施有效,灭火器应设置在位置明显和便于取用的地点,摆放稳固,灭火器箱不得上锁。

6)车轮挡块、三件套和翼子板布护垫等基本维护作业材料准备完备。

知识拓展

电动汽车维护保养常识

一、严禁存放时亏电

蓄电池在存放时严禁处于亏电状态。亏电状态是指电池使用后没有及时充电,造成电压偏低的现象。在亏电状态下存放电池,很容易出现硫酸盐化,硫酸铅结晶物附着在极板上,会堵塞电离子通道，造成充电不足，电池容量下降。亏电状态闲置时间越长，电池损坏越严重。因此，当电池闲置不用时，应每月补充电一次，这样能较好地保持电池技术状态。

二、定期检查

在使用过程中，如果电动汽车的续驶里程在短时间内突然大幅度下降十几公里，则很有可能是电池组中至少有一块电池出现问题。此时，应及时进行检查、修复或配组。这样能相对延长电池组的寿命，最大程度地节省用户的开支。

三、避免大电流放电

当电动汽车在起步、载人和上坡时，尽量避免猛踩加速，形成瞬间大电流放电。大电流放电容易导致产生硫酸铅结晶，从而损害电池极板的物理性能。

四、正确掌握充电时间

在使用过程中，应根据实际情况准确把握充电时间，参考平时使用频率及行驶里程情况，把握充电频次。当正常行驶时，如果电量表指示红灯或黄灯亮，就应充电了；如只剩下红灯亮，应停止运行，尽快充电，否则蓄电池过度放电会严重缩短其寿命。充满电后运行时间较短就充电，充电时间不宜过长，否则会形成过度充电，使蓄电池发热。过度充电、过度放电和充电不足都会缩短蓄电池寿命。一般蓄电池平均充电时间在10h左右。充电过程如蓄电池温度超过55℃，应停止充电。

五、防止暴晒

电动车严禁在阳光下暴晒。温度过高的环境会使蓄电池内部压力增加而使电池失水，引发电池活性下降，加速极板老化。

六、避免充电时插头发热

220V电源插头或充电器输出插头松动、接触面氧化等现象都会导致插头发热，发热时间过长会导致插头短路或接触不良，损害充电器和蓄电池，给用户带来不必要的损失，所以当发现上述情况时，应及时清除氧化物或更换插接件。

任务二　电动汽车维护保养工具使用

1. 掌握电动汽车维护保养常规工具的使用和维护方法。
2. 掌握电动汽车维护保养检测工具的使用维护方法。

一、电动汽车维护保养常规工具

1. 举升机

（1）汽车举升机及其作用　汽车举升机是用于汽车维修过程中举升汽车的设备，汽车开到举升机工位，通过人工操作可使汽车举升一定的高度，便于进行车底维修保养工作。举升机在汽车维修养护中发挥着非常重要的作用，给维修工作带来了便利，极大地提高了工作效率，是汽车维修企业的必备设备。举升机如果使用不当，又会带来安全隐患，造成人身伤害和车辆财产损失。常见维修用汽车举升机有柱式举升机和剪式举升机，如图1-3、图1-4所示。电动汽车维修中还会用到动力蓄电池举升机，如图1-5所示，用于将动力蓄电池从当前车辆下进行拆装。

龙门式举升机操作使用

图1-3 柱式举升机

图1-4 剪式举升机

图1-5 动力蓄电池举升机

（2）举升机安全操作规程

1）使用前应清除举升机附近妨碍作业的器具及杂物，并检查操作手柄是否正常、举升机安装地脚螺栓是否松动。

2）操作机构灵敏有效，液压系统不允许有爬行现象。

3）待举升车辆驶入后，应将举升机支撑块调整移动对正该车型规定的举升支撑点位置。

4）当支车时，四个支角或垫块应在同一平面上，调整支角胶垫高度使其接触车辆底盘支撑部位。

5）举升时人员应离开车辆，举升到车轮刚离开地面后，要在车辆前后保险杠处按压晃动汽车，确认支撑牢靠方可继续举升。

6）到需要高度时，必须插入保险锁销或自动锁止机构已锁止，并确保安全可靠才可开始车底作业。

7）举升机不得频繁起落，支车时举升要稳，降落要慢。

8）车上或车下有人作业时严禁升降举升机。

9）发现操作机构不灵，电机不同步，托架不平，液压部分漏油或锁止装置失灵时应及时报修，不得带病操作。

10）作业完毕应清除杂物，打扫举升机周围，以保持场地整洁。

11）定期（半年）排除举升机油缸积水，并检查油量，油量不足应及时加注相同牌号的液压油。同时应检查液压油缸、润滑状态、举升机传动齿轮、钢绳及传动轮等工作部件，剪式举升机和动力蓄电池举升机还要定期检查铰链磨损情况及举升锁止装置工作情况。

2. 高压防护工具

维修电动汽车时常用的高压防护工具见表1-4。使用时一定要检查安全防护等级是否符合要求，绝缘防护是否有效。

表1-4 维修电动汽车时常用的高压防护工具

序号	名　　称	图　　例	作　　用
1	高压危险警示牌		在地面或车辆附近明显位置放置，起到提醒和告示作用
2	绝缘手套（耐压1000V）		拆除及安装高压部件的维护人员防护穿戴，防止触电
3	绝缘鞋		
4	高压安全帽		
5	护目镜	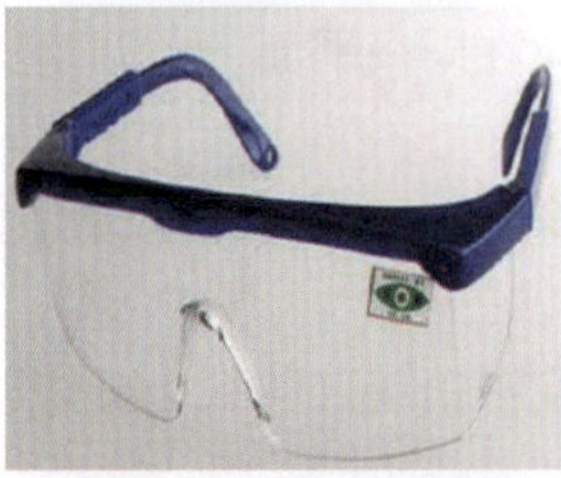	拆除和安装高压部件时防止电弧对眼睛造成伤害
6	绝缘拆装工具	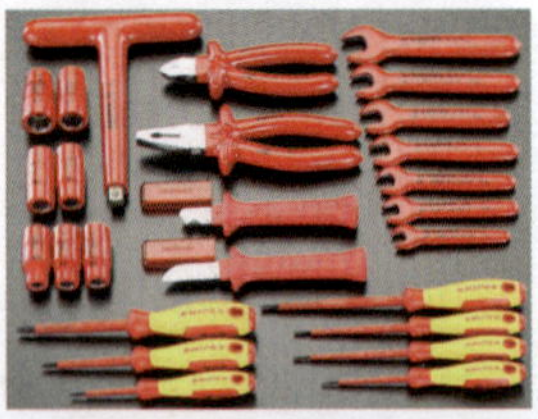	拆除和安装高压零部件用，防止触电、电路短路
7	绝缘胶布		使用绝缘胶布覆盖所有的高压电线或端子。在维修塞被拔出后，使用绝缘胶布包住维修塞槽

(续)

序号	名称	图例	作用
8	绝缘工作台		工作面带有绝缘橡胶的工作台,防止高压器件带电放电

二、电动汽车维护保养检测工具

1. 钳形电流表使用

钳形电流表又叫作电流钳,是利用电流互感器原理制成的,分为指针式和数字式两种,本书主要是以数字式钳形电流表为主。电流钳可以在不断开电路的情况下测量线路电流。使用钳形电流表时应按紧扳手,使钳口张开,将被测导线放入钳口中央,然后松开扳手并使钳口闭合紧密,以使读数准确。读数后,将钳口张开,将被测导线退出,将档位置于电流最高档或 OFF 档。如图 1-6 所示。不可同时钳住两根导线。

2. 万用表（FLUKE1587/1577）

万用表是电动汽车维护中不可或缺的电器测量仪表,可用于测量或测试 AC/DC（交流/直流）电压、电流、电阻、电容、二极管等电量参数。万用表外形及面板如图 1-7 所示,万用表还能测量温度、电频等,能进行绝缘测试。

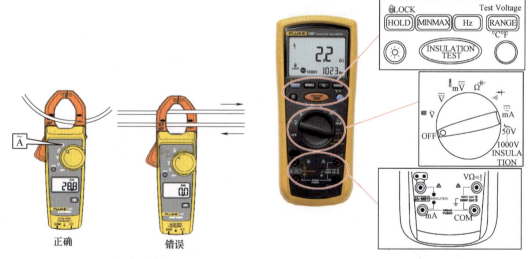

图 1-6 钳形电流表的使用　　图 1-7 万用表的基本构造

1）交流和直流电压、电阻、导通性测量如图 1-8～图 1-10 所示。为了避免触电、人身伤害,或损坏仪表,在测量电阻、导通性、二极管或电容之前,要断开电路电源并将所有高压电容器放电。

2）交流或直流电流测量。当测量时,如图 1-11 所示连接仪表,关闭（OFF）被测电路的电源,断开电路,将仪表以串联方式接入,再启动（ON）电源。

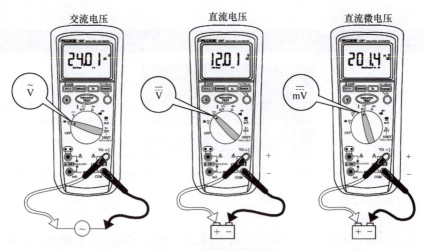

图1-8　万用表测量电压

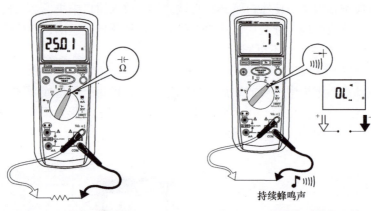

图1-9　万用表测量电阻　　　　图1-10　万用表测量导通性

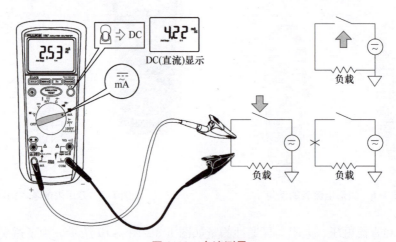

图1-11　电流测量

为了避免人身伤害或损坏仪表，当电路电压超过1000V时，切勿尝试在电路上测量电流。当导线插在电流端子的时候，切勿把探头与任何电路并联。测量时应使用正确的端子、开关位置和量程。

3）绝缘检测。绝缘测试只能在不通电的电路上进行。测量绝缘电阻，请按照图 1-12 所示设定仪表并遵照下列步骤操作：

① 将测试探头插入 "+" 和 "-" 输入端子。

② 将旋钮转至 INSULATION（绝缘）位置。当开关调至该位置时，仪表将启动电池负载检查。如果电池未通过测试，显示屏下部将出现 "BAT" 符号，在更换电池之前不能进行绝缘测试。

③ 按 "RANGE" 键选择电压后将探头与待测电路连接，仪表会自动检测电路是否通电。

④ 按 "TEST" 键开始测试，此时将获得一个有效的绝缘电阻读数。在主显示位置显示电压超过 30V 以上警告的同时，还会显示高压符号（⚡）。在辅显示位置上显示被测电路上所施加的测试电压。主显示位置上显示高压符号并以 MΩ 或 GΩ 为单位显示电阻。

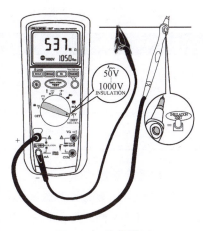

图 1-12　绝缘检测

4）万用表安全操作事项。

① 如果仪表或测试导线已经损坏，或者仪表无法正常操作，则请勿使用。在将仪表与被测电路连接之前，选用正确的端子、开关位置和量程档。

② 端子之间或任何一个端子与搭铁点之间施加的电压不能超过仪表上标明的额定值。

③ 当出现电池低电量指示符（BAT）时，应尽快更换电池。

④ 测试电阻、连通性、二极管或电容以前，必须先切断电源，并将所有的高压电容器放电。

⑤ 切勿在爆炸性的气体或蒸气附近使用仪表。当在危险的处所工作时，必须遵循当地及国家规定的安全要求。

三、BDS 故障诊断仪使用方法

1. BDS 诊断软件功能使用说明

BDS 诊断软件必须安装在笔记本计算机、台式计算机或者平板电脑等相关硬件上，并在网络连接状态下使用，硬件要求系统盘空间不小于 5G，内存不小于 1G，操作系统使用 Windows XP SP3、Windows 7 或 Windows 8，软件需要在线激活和网络下载，务必保证连接 Internet 正常，安装条件是 Windows 登录账户必须是管理员身份。安装激活后，其界面主要功能见表 1-5。

故障诊断仪的使用方法

表 1-5　BDS 诊断软件功能说明

功能图标	功能名称	功能描述
🏠	主界面	BDS 汽车无线诊断系统主界面，介绍和描述产品性能和品牌
🚗	汽车智能诊断系统	汽车无线诊断系统的核心功能，它提供了简易而专业的汽车综合诊断功能，包括读 ECU 信息，故障码分析，数据流分析，数据流冻结帧，元件执行，计算机编程、匹配、设定和防盗等功能
⚙	系统设定	汽车无线诊断系统的系统设定功能，它提供多种功能操作模式、连接方式、公英制单位切换和语言选择功能等功能，从而丰富用户体验

（续）

功能图标	功能名称	功能描述
	软件管理	产品软件管理，用于甄别汽车诊断软件的版本信息，以便客户升级软件；用于客户管理汽车诊断车型软件；用于注册用户信息，以加强用户的安全性，以及客户打印测试报告时显示用户信息
	系统退出	安全退出 BDS 系统

2. 故障诊断操作

使用选定的车辆诊断测试仪相匹配的诊断线，将 VCI 诊断盒子连接到汽车的 OBD 诊断座上，将车钥匙置于 ON 档，开启车辆诊断测试仪，按照屏幕上的显示进行操作，以启动所需功能。

连接完成后，电源指示灯会亮。VCI 固定的 SSID 为 UCANDAS，如果 WIFI 自动连接没有成功，请手动设置 WIFI 连接到 UCANDAS，WIFI 连接成功后，VCI 的无线图标会点亮。如图 1-13 所示。

启动 BDS 系统软件，单击汽车诊断图标，出现诊断系统（北汽新能源或者其他车辆）检测界面。如图 1-14 所示。

图 1-13　诊断仪连接界面

图 1-14　诊断系统界面选择

单击北汽新能源诊断系统，选择需要的车型，进入对应车型诊断程序，如图 1-15 所示。按下一步键，进入车型诊断，如图 1-16 所示。

图 1-15　车型诊断程序界面

图 1-16　车型选择界面

再进一步进入系统选择界面，如图1-17、图1-18所示，选择相关系统，读取相关数据或故障码，作为车辆维修诊断的依据。

图1-17 系统选择界面一

图1-18 系统选择界面二

1587万用表特殊功能使用

一、频率测量

仪表通过计算信号每秒钟通过一个阈值电平的次数来测量电压或电流信号的频率。要测量频率，请按照图1-19所示设定仪表并遵照下列步骤操作：

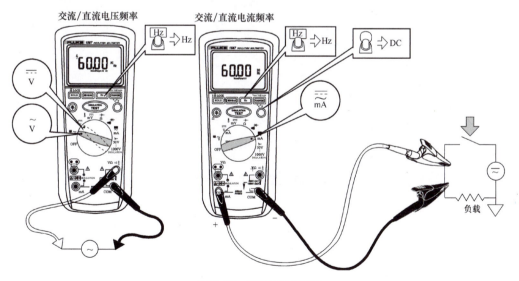
图1-19 频率信号测量

1）把仪表连接到信号源。

2）将旋转开关转至$\tilde{V}$、$\overline{V}$或$\overline{\overline{mA}}$位置。

3）如果需要，可在$\overline{\overline{mA}}$位置上按蓝色按钮选择直流（DC）。

4）按[Hz]按钮。

5）按蓝色按钮、Hz 按钮，或者调整旋转开关的位置来结束该功能。

二、熔丝测量

1）将一根测试探头插入 VΩ⇉⊣ 输入端子。

2）将旋转开关转至 ⊣⊢Ω 位置并确认仪表处于Auto Range（自动量程）模式。

3）将探头插入 mA 输入端子。如果显示屏读数是 0，则表示熔丝已损坏，应予以更换。如图 1-20 所示。

三、万用表电池更换

1）用标准螺钉旋具转动电池门锁直到开锁符号对准箭头，然后将电池门取下。

2）取出并更换电池。

3）将电池门复位并转动电池门锁直到锁住符号对准箭头，如图 1-21 所示。

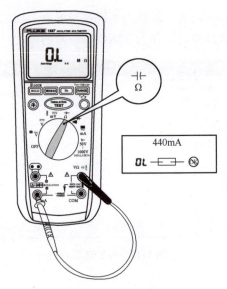

图 1-20　熔丝测量

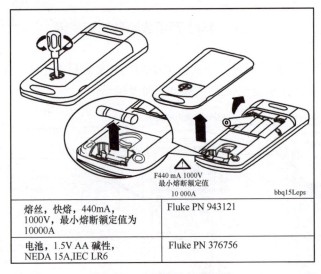

图 1-21　万用表电池的更换

Project 2

项目二

电动汽车新车检查交付

任务 新车检测（PDI）

学习目标

1. 了解电动汽车 PDI 作业的意义。
2. 知道电动汽车 PDI 作业内容。
3. 掌握北汽新能源 EV160PDI 作业流程。
4. 知道北汽新能源 EV160 新车交车条件。

知识储备

一、PDI 作业的含义

1. PDI

新车送交顾客之前进行的全面检查英文是 Pre-Delivery Inspection，简称 PDI。

2. PDI 的目的

新车交给顾客之前的检查是新车在投入运行前的一个重要环节，涉及制造厂、供应商和用户三方的关系，是消除质量事故隐患的必要措施和对新车质量的再次验证，也是对购车客户兑现承诺及系列优质服务的开始。

新车出厂要经过一定的运输方式（或自行行驶）到销售部门，通过销售商才到用户手中，在此期间，由于各种原因难免发生一些意外，使汽车遭到损坏。例如：在运输途中可能遇到极端恶劣的情况，导致运输过程中的碰撞、飞石、严寒、风雨；保管过程中的高温、蓄电池过度放电等。因此，必须进行交车前检查，对新车应加以整备，以恢复出厂时应有的品质。

新车出厂时应有厂检的技术质量标准，配齐各种装备和附件，但也难免一时疏忽，造成生产线上人为错误导致的差错和损坏。PDI 也要一并加以检查，及时反馈给生产厂家。这对制造厂家提高产品质量、与制造厂家进一步密切合作关系，都将带来好处。

总之，新车交付 PDI 是确保车辆质量状态的检查，旨在厂商、运输商、汽车经销商和最终客户接收商品车时，各方共同发现商品是否存在缺陷问题，通过检查标准涵盖的项目和方法，避免售后因缺陷问题认识不统一造成双方对问题的处理不能达成一致。

3. PDI 分级

PDI 按照交付对象的不同，一般分为以下三级：

（1）出库 PDI　出库 PDI 是指商品车交付物流公司发运前进行的质量状态检查。

（2）接车 PDI　接车 PDI 是指商品车送达经销商处，经销商进行车辆质量状态验收时的检查。

（3）销售 PDI　销售 PDI 是指商品车交付最终客户前进行的车辆质量状态检查。

二、交车前 PDI 服务的基本要求

我国汽车服务行业自 2002 年 7 月 23 日起实施的《汽车售后服务规范》提出了 PDI 服务的基本要求如下：

1）供方在将汽车交给顾客前，应保证整车完好。

2）供方应仔细检查汽车的外观，确保外观无划伤及外部装备齐全。

3）供方应仔细检查汽车内饰及装备，确保内饰清洁和装备完好。

4）供方应对汽车性能进行测试，确保汽车的安全性和动力性良好。

5）供方应保证汽车的辅助设备功能齐全。

6）供方应向顾客介绍汽车的使用常识。

7）供方有责任向顾客介绍汽车的装备、使用常识、维护保养常识、保修规定、保险常识、出险后的处理程序和注意事项。

8）供方应向顾客提供 24h 服务热线及救援电话。

9）供方应随时解答顾客在使用中所遇到的问题。

三、纯电动汽车 PDI 作业内容

纯电动汽车 PDI 作业内容见表 2-1。

四、北汽新能源 EV160PDI 作业流程

北汽新能源 EV160PDI 作业流程见表 2-2。

五、北汽新能源 EV160 新车交车条件

纯电动汽车在检查时与普通燃油车的检查基本一样，一看车身外观是否完好，有没有划痕；二看车内的各种电器设备是否正常；三看车灯系统是否完好；四看轮胎是否有凹陷，胎压是否正常；五看公里数，几十公里以内视为正常；六看随车配件是否齐全，例如充电线、备胎、工具，以及车辆的使用说明等。对照表 2-1 各项内容不出现重点关注项问题，即达到交车条件。

表 2-1 纯电动汽车 PDI 作业内容

NO	位置		描述	适用车型			检查类别			重点关注问题							备注
				C系列	M系列		入库前	出售前PDI	PDI	A	B	C	D	E	F	G	H	
1	①整体检查		前风窗玻璃下方VIN	○			ALL	ALL		缺失	字体不清	号码错误						记录并与其他VIN对比
2			3C 确认	○	○		ALL	ALL		缺失	松脱							
3			合格证一致性证书	○	○			ALL	ALL	缺失	与实车不符							
4			遥控钥匙	○			ALL	ALL	ALL	失效	打不开开门	打不开行李箱						
5			防盗系统	○			ALL	ALL	ALL	不报警	报警声异常	常响						
6			轮胎	○	○		ALL	ALL	AB	型号	胎压	无饰盖						
7			里程表	○	○		ALL	ALL	ALL	超里程								
8	②车辆前部检查	上部	机舱盖	○	○		ALL	ALL	D	油漆	配合	脏污	凹凸					
9			刮水器盖板	○	○		ALL	ALL		损伤	脏污	配合						
10			刮水器	○	○		ALL	ALL		损伤	锈蚀				打不开			
11		中部	前照灯	○	○		ALL	ALL	ADE	损伤	脏污	配合	不亮					
12			前格栅	○	○		ALL	ALL	A	损伤	配合	快充口阻滞	充电口盖无回弹	常亮	锁不住		水汽	
13		下部	前保险杠	○	○		ALL	ALL	A	损伤	配合	变形	色差					
14			雾灯	○	○		ALL	ALL	CD	损伤	脏污	不亮	常亮					

(续)

NO	位置		描述	适用车型		检查类别			重点关注问题								备注
				C系列	M系列	入库 ALL	出库 PDI	售前 PDI	A	B	C	D	E	F	G	H	
15	上部		车顶	○		ALL	ALL	ALL	油漆	脏污	凹凸	饰条翘起					
16			盲窗	○		ALL	ALL	ALL	油漆	凹凸	凹凸						
17			左翼子板	○		ALL	ALL	ALL	油漆	配合	凹凸						
18			左车门	○		ALL	ALL	ALL	油漆	配合	凹凸	1/2级锁	开关力大	开关异响			
19			车辆铭牌	○		ALL	ALL	ACE	缺失	字体不清	号码错误						
20			轮胎气压标签	○		ALL			缺失		号码错误						
21	③在车辆左侧检查	中部	儿童锁	○		ALL	ALL	ALL	功能失效								
22			左A/B/C/D柱	○		ALL	ALL	ALL	油漆	凹凸	异响						
23			左后视镜	○		ALL	ALL	ALL	损伤	无法折叠		无法调节					
24			前后门把手	○		ALL	ALL	ALL	太重	色差							
25			门上饰条	○		ALL	ALL	ALL	损伤	不贴合	脏污						
26			密封条	○		ALL	ALL	A	损伤	不贴合	脏污						
27			门内饰板	○		ALL	ALL	ALL	损伤	配合	脏污						
28			左滑门	○		ALL	ALL	ACDEF	油漆	配合	凹凸	焊点	1/2级锁	开关力大	开关异响	无法关闭	
29	④在车辆后部检查	外部	行李箱盖/后尾门	○		ALL	ALL	ALL	油漆	配合	凹凸	1/2级锁	开关力大	维修标签	无法打开		
30			车后灯	○		ALL	ALL	BC	配合	不亮	常亮	水汽					
31			后保险杠	○		ALL	ALL	A	油漆	配合	变形	色差					
32			徽标	○		ALL	ALL	AC	缺失	不正	翘起						
33			牌照板	○		ALL	ALL	ALL	划伤	松动							
34		内部	后机舱盖内VIN	○		ALL	ALL	ALL	缺失	字体不清	号码错误						
35			行李箱地毯	○		ALL	ALL	ALL	脏污	不平整	配合						

(续)

NO	位置			描述	适用车型		检查类别			重点关注问题								备注
					C系列	M系列	入库PDI	出库PDI	售前PDI	A	B	C	D	E	F	G	H	
36	④在车辆后部检查	内部		备胎	○	○	ALL		AB	缺失	配置错							
37				充电线	○	○	ALL		AB	缺失	配置错							
38				工具包	○	○	ALL		ALL	缺失	损伤							
39				千斤顶	○	○	ALL		ALL	缺失								
40				三角牌	○	○	ALL		A	缺失	损伤							
41				灭火器	○	○	ALL		A	缺失	损伤							M 车在前仓
42	⑤在车辆右侧检查	上部		车顶	○	○	ALL		C	油漆	脏污	饰条翘起						
43				右翼子板	○	○	ALL		AC	油漆	配合	凹凸						
44				右车门	○	○	ALL		ACE	油漆	配合	凹凸	1/2级锁	开关力大				
45				儿童锁	○	○	ALL		ALL	功能失效								
46				右A/B/C/D柱	○	○	ALL		C	油漆	脏污	凹凸						
47		中部		左后视镜	○	○	ALL		ALL	损伤	无法折叠	异响	无法调节	开关异响				
48				前后门把手	○	○	ALL		AC	太重	色差	异响						
49				门上饰条	○	○	ALL		A	损伤	不贴合	脏污						
50				密封条	○	○	ALL		A	损伤	不贴合	脏污						
51				门内饰板	○	○	ALL		A	损伤	配合	脏污						
52				右滑门	○		ALL		C	油漆	配合	凹凸	1/2级锁	开关力大	开关异响			
53				慢充口	○	○	ALL		CD	油漆	配合	打不开	充电口盖无回弹			焊点		

(续)

NO	位置		描述	适用车型		检查类别			重点关注问题								备注
				C系列	M系列	入库PDI	出库PDI	售前PDI	A	B	C	D	E	F	G	H	
55	⑥坐在后排座椅上检查	上部	车内顶衬	○	○	ALL	ALL	ALL	脏污	配合	皱折						
56			上扶手	○	○	ALL	ALL	ALL	脏污	不回位							
57		前部	前座椅						脏污	皱折							
58		左部	门窗玻璃	○	○	ALL	ALL	ALL	无法升降	异响	阻滞	操作力大					
59		下部	地毯（地板）	○	○	ALL	ALL	ALL	脏污	配合	异物						
60			座椅	○	○	ALL	ALL	ALL	脏污	异响	表面脏污	缝线脱落	选装错	成形不良			
61			座椅调节	○	○	ALL	ALL	ALL	不工作	调节费力	变形	异物			线缝未对齐		
62			地板	○	○	ALL	ALL	ALL	松动	凹凸							
63		后部	座椅靠背	○	○	ALL	ALL	ALL	脏污	不工作	调节费力	无法调节					
64			头枕	○	○	ALL	ALL	ALL	无法调节	调节费力	脏污	变形					
65			安全带	○	○	ALL	ALL	ALL	不回位	卡不上	凹凸						
66		侧部	车身	○	○	ALL			焊点	毛刺							
67	⑦坐驾驶人座椅上检查	上部	车内顶衬	○	○	ALL	ALL	ALL	脏污	配合	开关自动回位	阻滞					
68			天窗问题	○	○	ALL	ALL	BC	配合	无法开关		配合					
69			左遮阳板	○	○	ALL	ALL	ALL	脏污	标签	无法翻转	表面	镜面变形				
70			车内顶灯/阅读灯	○	○	ALL	ALL	ALL	不亮	常亮	脱落	松动	配合				
71			车内后视镜	○	○	ALL	ALL	A	无法调节	脱落	脏污	畸变					
72		前部	前风窗玻璃	○	○	ALL	ALL	ALL	开裂	划伤	脏污						
73			风窗玻璃喷水	○	○	ALL	ALL	ALL	不工作	异响	喷水角度						
74			前/后刮水器	○	○	ALL	ALL	ALL	不工作	异响	刮不干净						

(续)

NO	位置	描述	适用车型 C系列	适用车型 M系列	检查类别 入库PDI	检查类别 出售前PDI	重点关注问题 A	B	C	D	E	F	G	H	备注
75	①坐在驾驶人座椅上检查 前部	车窗玻璃	○	○	ALL	ALL	无法升降	异响	阻滞	防夹功能缺失					
76		仪表台左侧	○		ALL		划伤	配合	脏污	异物					
77		背光调节	○		ALL		不工作	无变化							
78		仪表指示	○		ALL		不指示	指示异常	开关门报警	档位指示					
79		灯光操纵件	○		ALL		阻滞	灯光不亮							
80		警告灯	○		ALL		不亮								
81		转向盘	○		ALL		损伤	异响	无法调节	调节异响					
82		喇叭	○		ACD		力重	不响	单音	按不下去					
83		点烟器	○		ALL		不工作	不弹出	缺失						
84		车载电源	○		ALL		不工作	不弹出	没有	无法打开	按不下去				
85		收音机	○		ALL		无法开机	无法收台	操作困难						
86		DVD/CD机	○		ALL		无法进碟	不读碟	无法退碟	换碟不正常	无法关闭				
87		扬声器	○		ALL		无声音	声音异常	共鸣声	不显示					
88		信息中心	○		ALL		不显示	显示错误	无GPS定位						
89		空调系统	○		ALL		不制冷	不加热	异响	不够冷	不够热				
90		风扇/鼓风机	○		ALL		不工作	异响	异味	无法维持温度	出风口阻滞出风口脱落				
91		风窗玻璃除霜除雾	○		ALL		不工作				风向不正确				
92	下部	地毯问题	○		ALL		脏污	皱折	异物						

（续）

NO	位置			描述	适用车型		检查类别			重点关注问题								备注
					C系列	M系列	入库PDI	出库PDI	售前PDI	A	B	C	D	E	F	G	H	
93	⑦坐在驾驶人座椅上检查	下部		座椅	○	○	ALL	ALL	ALL	脏污	异响	缝线脱落	选装错误	线缝未对齐				
94				座椅前后上下调节	○	○	ALL	ALL	ALL	不工作	调节费力	调节干涉						
95		后部		座椅靠背	○	○	ALL	ALL	ALL	脏污	不工作	调节费力						
96				头枕	○	○	ALL	ALL	ALL	无法调节	不回位		无法调节	调节费力				
97				安全带	○	○	ALL	ALL	ALL	不回位	污损		打开异响	打开阻滞				
98		右部		副仪表台	○	○	ALL	ALL	ALL	脏污	配合	盖无法打开	不回位					
99				驻车手柄	○	○	ALL	ALL	ALL	脏污	标签	操纵力过大指示灯不亮						
100		上部		车内顶衬	○	○	ALL	ALL	ALL	脏污	配合	指示灯不常亮						
101				右遮阳板	○	○	ALL	ALL	ALL	脏污	异响	无法翻转	配合	镜面变形				
102				上扶手	○	○	ALL	ALL	ALL	脏污	配合	阻滞	防夹功能缺失					
103	⑧坐在副驾驶人座椅上检查	前部		右车窗玻璃	○	○	ALL	ALL	ALL	无法升降	异响	脏污						
104				仪表台侧	○	○	ALL	ALL	A	划伤	配合	照明灯不亮	照明灯常亮					
105				杂物箱检查	○	○	ALL	ALL	ALL	无法开启	无法关闭	照明灯不亮		空调出风口无	异物			
106				文件袋	○	○	ALL	ALL	ALL	缺失								
107		下部		地毯问题	○	○	ALL	ALL	ALL	脏污	配合	异物						
108				车身钢印VIN	○	○	ALL	ALL	ALL	缺失	字体不清	号码错误						
109				数据终端	○	○	ALL	ALL	ALL	灯不亮			照明灯常亮					
110				座椅	○	○	ALL	ALL	ALL	脏污	异响	表面脏污	材质	缝线脱落	线缝未对齐			

(续)

NO	位置		描述	适用车型			检查类别			重点关注问题								备注
				C系列	M系列	入库	出库	售前PDI	PDI	A	B	C	D	E	F	G	H	
111	下部	⑧坐在副驾驶座椅上检查	座椅前后调节		○			ALL	ALL	不工作	调节费力	调节费力						
112	后部		座椅靠背		○			ALL	ALL	脏污	不工作							
113			头枕		○			ALL	ALL	无法调节	调节费力							
114			安全带		○			ALL	ALL	不回位	卡不上	脏污	无法调节	调节费力				
115			前机舱盖内部VIN		○			ALL	ALL	缺失	字体不清	号码错误						
116	⑨前机舱检查		制动液		○			ALL	ALL	液位不足	液位过高	渗漏						
117			冷却液		○			ALL	ALL	液位不足	液位过高	渗漏						
118			洗涤液		○			ALL	ALL	液位不足		渗漏						
119			低压电池线		○			ALL	ALL	松动	松动							
120			加注盖		○			ALL	ALL	缺失								
121			警告标签		○			ALL	ALL	缺失	不清晰							
122			前盖支撑杆		○			ALL	ALL	卡不住	损伤	损伤						
123			前盖内部		○			ALL	ALL	油漆								

表 2-2 北汽新能源 EV160PDI 作业流程

第一步 外观检查				
检验项目	序号	检验标准	备注	标准/简图
1. 机舱盖、后尾门的外观项检查	1	前机舱盖和后尾门与车身、保险杠之间无色差 前机舱盖和后尾门开关无异响		
	2	漆面清洁、钣金面平滑，无凹凸等变形 漆面无划痕、掉漆、曝漆、漆裂、漆流、漆渣、生锈		
	3	顶盖与前风窗玻璃段差（2±1）mm		
	4	前机舱盖与前保险杠间隙为（8±1）mm，段差（1±1）mm 间隙左右差异＜2.0mm		
	5	前机舱盖与前照灯间隙为（4.5±1）mm，段差（1.5±1）mm 间隙左右差异＜2.0mm		
	6	前机舱盖与翼子板间隙为（4±1）mm，段差（0±1）mm 间隙左右差异＜2.0mm		
	7	前机舱盖与空气室盖板间隙为（5±1）mm 最大间隙与最小间隙差＜2.0mm		
	8	前风窗玻璃无气泡、划痕、磨损，"CCC""400电话"标安装正确，后尾门玻璃无气泡、划痕、磨损		
	9	后尾门与顶盖间隙为（8±1）mm，段差（1±1）mm 最大间隙与最小间隙差＜2.0mm		
	10	后尾门与后保险杠间隙为（8±1）mm 最大间隙与最小间隙差＜2.0mm		
2. 整车四门的外观项检查	1	整车四门与车身之间无色差 整车四门开关时无异响		
	2	漆面清洁，钣金面平滑，无凹凸等变形 漆面无划痕、掉漆、曝漆、漆裂、漆流、漆渣、生锈		
	3	前门与翼子板间隙为（4.5±1）mm，段差 $0_{-1}^{\ 0}$ mm 最大间隙与最小间隙差＜2.0mm		

（续）

检验项目	序号	检验标准	备注	标准/简图
2. 整车四门的外观项检查	4	前门与侧裙板间隙为（6±1）mm，段差（3±1）mm 最大间隙与最小间隙差<2.0mm		
	5	前门与后门间隙为（4.5±1）mm，段差 0_{-1}^{0} mm 最大间隙与最小间隙差<2.0mm		
	6	后门与侧围外板间隙为（4.5±1）mm，段差 0_{-1}^{0} mm 最大间隙与最小间隙差<2.0mm		
	7	后门与侧窗玻璃间隙为（5.5±1）mm，段差 0_{-1}^{0} mm 最大间隙与最小间隙差<2.0mm		
	8	后门与侧裙板间隙为（6±1）mm，段差（3±1）mm 最大间隙与最小间隙差<2.0mm		
	9	前后侧门玻璃无气泡、划痕、磨损		
3. 整车前、后保险杠的外观项检查	1	整车前、后保险杠与车身之间无色差		
	2	漆面清洁，钣金面平滑，无凹凸等变形 漆面无划痕、掉漆、曝漆、漆裂、漆流、漆渣、生锈		
	3	前保险杠与前照灯内侧间隙为（4.5±1）mm，段差 0_{0}^{+1} mm 最大间隙与最小间隙差<2.0mm		
	4	前保险杠与前照灯下边缘间隙为（3±1）mm，段差 0_{0}^{+1} mm 最大间隙与最小间隙差<2.0mm		
	5	翼子板与前保险杠间隙为 $0_{0}^{+0.5}$ mm，段差（1±1）mm 最大间隙与最小间隙差<2.0mm		
	6	前保险杠牌照底板与前保险杠安装紧固，均配置四个牌照卡子		
	7	后保险杠与尾灯间隙为（2±1）mm，段差 0_{-1}^{0} mm 最大间隙与最小间隙差<2.0mm		

（续）

检验项目	序号	检 验 标 准	备注	标准/简图
3. 整车前、后保险杠的外观项检查	8	后保险杠与侧围间隙为 $0_{0}^{+0.5}$ mm，段差为（1±1）mm 最大间隙与最小间隙差 <2.0mm		
	9	后保险杠与反射器间隙为（1±1）mm，段差为（2±1）mm 最大间隙与最小间隙差 <2.0mm		
4. 整车前、后翼子板的外观项检查	1	整车前、后翼子板与车身之间无色差		
	2	漆面清洁，钣金面平滑，无凹凸等变形 漆面无划痕、掉漆、曝漆、漆裂、漆流、漆渣		
	3	前翼子板与前照灯间隙为（2±1）mm，段差（1±1）mm 最大间隙与最小间隙差 <2.0mm		
	4	前翼子板与A柱外板间隙为（3±1）mm，段差 0_{-1}^{0} mm 最大间隙与最小间隙差 <2.0mm		
	5	前翼子板与三角窗间隙为（1±1）mm 最大间隙与最小间隙差 <2.0mm		
	6	前翼子板与侧裙板间隙为（3±1）mm，段差 0_{-1}^{0} mm 最大间隙与最小间隙差 <2.0mm		
	7	后翼子板与后尾门外板间隙为（5±1）mm，段差（1±1）mm 最大间隙与最小间隙差 <2.0mm		
	8	后翼子板与尾灯间隙为（2±1）mm，段差（1±1）mm 最大间隙与最小间隙差 <2.0mm		
	9	后翼子板与充电口盖板间隙为 3.5_{-1}^{0} mm，段差 0_{-1}^{0} mm 最大间隙与最小间隙差 <2.0mm		
5. 车顶、车底下护板及车轮部分的外观项检查	1	车顶与车身之间无色差		
	2	漆面清洁，钣金面平滑，无凹凸等变形 漆面无划痕、掉漆、曝漆、漆裂、漆流、漆渣		
	3	车顶天线配置齐全，导雨条无翘起、开裂		
	4	车底盘无磕碰损伤，连接无松动		
	5	车轮胎压正常：前轮 230kPa，后轮 230kPa		

（续）

检验项目	序号	检验标准	备注	标准/简图
5. 车顶、车底下护板及车轮部分的外观项检查	6	轮胎无划伤、磨损、鼓包、龟裂。充气口帽有配置		
	7	轮毂无划痕、掉漆。轮毂螺钉帽有配置		
	8	车轮螺钉帽无脱落，轮毂盖无脱落		
6. 全车灯饰装置的外观项检查	1	全车灯饰表面无划痕、缩痕、开裂		
	2	全车灯饰内无异物及进水		
	3	全车灯饰与车身各装配件之间尺寸参照以上部分标注尺寸检查		
	4	侧围尾灯与后尾门尾灯间隙为（6±1）mm，段差（1±1）mm 最大间隙与最小间隙差＜2.0mm		
	5	尾灯与后尾门外板间隙为（2±1）mm，段差（1±1）mm 最大间隙与最小间隙差＜2.0mm		
	6	后尾门外板与高位制动灯间隙为（1.5±1）mm，段差 $0_{-0}^{\ \ }$ mm		
	7	前照灯内部出现的雾气，如点亮灯光在20min内雾气消除，则判为符合		

第二步　内饰和功能检查				
检验项目	序号	检验标准	备注	标准/简图
1. 仪表台及五门内饰板的检查	1	全车四门及后尾门内饰板无划痕、开裂		
	2	四门及后尾门开关顺畅，关门无明显阻尼感，开门无卡滞感		
	3	四门铰链无掉漆、生锈。内外门把手开关顺畅，无卡滞		
	4	四门内饰板装配间隙：最大间隙与最小间隙差＜2.0mm		
	5	四门内饰板装配平整度：同一平面两板之间阶差＜2.0mm		
	6	仪表台上仪表板、仪表、按键或旋钮等无划伤，标记符打印正确		
	7	仪表台各装配间隙之间：最大间隙与最小间隙差＜2.0mm		
	8	仪表台各装配间平整度：同一平面两板之间阶差＜2.0mm		

（续）

检验项目	序号	检验标准	备注	标准/简图
2. 座椅部分的检查	1	车内座椅符合配置要求材质		
	2	前、后排座椅包装完好，无包装破损现象		
	3	主驾驶人座椅靠背调整手柄： 向上拉动手柄，靠背有向前弹力，也可向后推座椅靠背至理想角度，松开手柄，靠背不再转动。 当拉、松手柄时，内部啮合齿无卡滞、脱齿现象		
	4	主驾驶人座椅上、下调整手柄： 数次向上拉动手柄，座椅有明显向上的阶跃感；反之亦然 同时，当上拉或下按手柄时，内部啮合齿无卡滞、脱齿现象		
	5	主驾驶人座椅前、后调整手柄： 向上拉动手柄，之后调整座椅前后至合适位置，松开手柄。座椅不再前、后移动 同时，当上拉或下按手柄时，内部啮合齿无卡滞、脱齿现象		
	6	座椅头枕限位按钮按动时无卡滞，头枕调至合适高度松开按钮后，头枕不能上下移动		
	7	安全带测试： 用手迅速拉动安全带，安全带锁止机构应立即锁止 打开点火开关，将安全带卡扣卡入安全带卡槽内，仪表安全带指示灯自动熄灭		
3. 地毯部分的检查	1	地毯符合配置要求材质		
	2	地毯前后衔接完整，与装配件过渡处无裸露、无缺少材料情况		
	3	地毯表面或包裹部分无波纹		
	4	副驾驶人座椅前方，地毯处开有约100mm×30mm的长方形开口，其下方车身处打刻有17位VIN码		
	5	VIN码要求：位数正确，刻迹清晰		
	6	副驾驶人座椅下方，地毯上方，安装有数据终端器		
	7	数据终端器上的所有灯点亮，表示终端器在工作状态		

（续）

检验项目	序号	检验标准	备注	标准/简图
4. 仪表功能检查	1	仪表屏幕表面无划痕、开裂、缩痕		
	2	仪表标识参照表2-3执行 钥匙旋至起动档后，仪表显示绿色READY字样，除驻车制动指示灯、安全带未系指示灯点亮，其他故障指示灯均不能点亮		
	3	踩下制动踏板，用手旋转换档旋钮，旋钮在每个档位间有明显阻尼感，仪表显示相应符号正确		
	4	踩下制动踏板将档位旋转E档，按动能量回收键，仪表显示相应符号正确		
	5	驻车制动拉杆位置居中，换档平顺无卡滞 驻车制动拉起总行程2/3处实现驻车制动，仪表指示灯点亮。松开驻车制动，仪表指示灯熄灭		
	6	仪表显示电量不低于总电量50%		
	7	仪表显示总里程数小于50km		
	8	小灯开启后，分别旋转仪表照明亮度调节开关，仪表屏幕亮度有明显变化		
	9	按下警报开关，仪表上转向指示灯点亮		
	10	按下远程监控开关，远程监控指示灯点亮，远程监控功能启动。再次按动远程监控开关，开关键弹起，指示灯熄灭		
5. 灯光、刮水器功能检查	1	灯光、刮水器组合开关外观无划痕，标识正确		
	2	将灯光、刮水器组合开关旋转一次，各转换档间有明显阻尼感		
	3	分别旋转灯光组合开关的示廓灯、近光灯、上下转换远光灯，旋转前雾灯、后雾灯开关，仪表显示相应标识，各类车灯光均能按要求执行点亮		
	4	开启近光灯后，调整灯光高低旋钮，有相应的执行电机声，灯光位置相应上下移动，无卡滞		

（续）

检验项目	序号	检验标准	备注	标准/简图
5. 灯光、刮水器功能检查	5	踩下制动踏板，后制动灯能够点亮。踩下制动踏板，旋转换档旋钮至 R 位，倒档灯点亮，且倒车影像、倒车雷达执行工作。旋转 R 至 N 位，松开制动踏板		
	6	分别旋转刮水器组合开关，即前刮水器快/慢/间歇/喷淋旋钮、后刮水器喷水旋钮，前、后刮水器均能正常工作		
	7	喷水区域出现下述情况，判定不符合 1）洗涤液喷向车辆左/右侧 2）洗涤液未完全喷入刮水片工作区域		
	8	拨动转向灯开关，仪表显示左右转向灯闪烁，外部灯光闪烁		
	9	顶灯开关执行后，相应灯光点亮。开启门灯开关后，打开车门，顶灯自动点亮。关闭车门，数秒后顶灯自动熄灭		
6. 空调及导航影音功能检查	1	多媒体屏幕外观无划痕，标识正确		
	2	打开开关，分别单击触摸屏"收音机""导航""蓝牙""设置"等功能，检查功能是否正常，是否可以正常单击		
	3	打开收音机，单击转向盘上的音量及选台按键，多媒体能够相应执行		
	4	打开导航功能，多媒体安装有导航卡，导航开启后，其设置功能项里有卫星显示。语音提醒 GPS 定位正常		
	5	打开蓝牙，能够与手机连接配对，能够实现拨话对讲功能		
	6	旋转制冷功能键，开启 A/C 键，A/C 指示灯点亮，空调压缩机起动，空调系统能够制冷		
	7	旋转制热功能键，空调系统能够制热		
	8	分别按动空调控制面板上的各种按键，其屏显对应显示正确，各模式执行效果正常		
	9	空调各出风口调整开关无卡滞、无脱落。旋转和拨动挡片，风量和风向对应改变		
	10	当点火开关处于"ON"或"ACC"位置时，将点烟器按到位，加热完毕后，点烟器会自动弹出		

(续)

检验项目	序号	检验标准	备注	标准/简图
7. 门窗及遥控功能检查	1	门窗组合开关无划伤、开裂		
	2	门窗组合开关按键安装正确，打印标记正确		
	3	分别按下左前门窗组合开关的玻璃升降按键，四门车窗玻璃升降正常		
	4	分别单独按四个车门的玻璃升降按键，玻璃升降自如，无卡滞。之后按下组合开关的"锁止"按键，再按其他车门玻璃升降按键，玻璃不应升降		
	5	关闭四门后，按下组合开关的车门中控锁按键。四门闭锁器工作正常、无卡滞		
	6	检查左、右后视镜镜面角度调节功能正常，且调节过程无卡滞、异响		
	7	关闭左、右后门儿童锁按键，从车内不能打开左、右后车门		
	8	关闭四门，按动遥控钥匙锁止键，四门闭锁器落锁，后视镜自动闭合，闭合角度左右对应，警告灯闪烁三次		
	9	按动遥控钥匙开启键，四门闭锁器开锁，后视镜自动开启，无卡滞，开启角度左右对应，警告灯闪烁一次		

第三步 前机舱检查

检验项目	序号	检验标准	备注	标准/简图
1. 机舱内漆面的检查	1	机舱内漆面清洁，钣金面平滑，无凹凸等变形		
	2	机舱内钣金漆面无划痕、掉漆、曝漆、漆裂、漆流、漆渣、生锈（机盖锁钩除外）		
	3	机舱内各电器件漆面无划痕、掉漆、生锈		
	4	机舱内各塑料件件表面不允许有任何划痕		
	5	机舱内钣金件及各电器件表面不允许有任何油污		

（续）

检验项目	序号	检验标准	备注	标准/简图
2. 前机舱内标贴、液位检查	1	机舱内前风扇上横梁右侧标有"驱动电机型号"和"空调系统注意事项"标贴		
	2	前机舱盖内部边缘处标有 VIN 码标贴		
	3	电机控制器前部标有铝制标牌		
	4	电机控制器、高压控制器、DC/DC 和充电机上分别标有闪电黄标		
	5	制动液储液盒液位要求，在 MAX 线和 MIN 线中间位置		
	6	散热液储液盒液位要求，在 MAX 线和 MIN 线中间位置		
3. 前机舱安装件和线束的检查	1	机舱盖锁与锁钩关闭后锁止牢固，机舱盖无松动 机舱盖打开，拉动拉索，机舱盖应有小幅上弹 手动开启机舱盖，锁扣无卡滞		
	2	机舱内各电器件紧固螺钉有紧固标记		
	3	机舱内所有负极与车身连接线束不松动，有紧固标记		
	4	蓄电池检视窗显示绿色表示电量正常，两极柱不允许有漏液		
	5	与电机控制器、高压控制盒、DC/DC 和充电机连接的所有插头连接紧固，无松动。插头锁止机构能卡到正确位置		
	6	机舱内线束固定卡扣按照工艺卡至正确位置，固定牢靠，无松动。卡扣无脱落		
	7	机舱内线束无破损，交叉连接		

(续)

检验项目	序号	检验标准	备注	标准/简图
第四步　随车物品检查					
1. 随车工具的检查	1	车轮扳手、拖车钩放置于工具包内	以实车配置为准进行相应检查。如有异议请联系销售管理部	
	2	三角警告标志牌总成有配备		
	3	摇手柄总成、千斤顶总成有配备		
	4	充电线有配备		
2. 随车资料的检查	1	多媒体使用手册及质保手册有配备		
	2	整车保修手册有配备		
	3	整车用户手册有配备		
3. 其他配备物品的检查	1	灭火器有配备		
	2	导航卡有配备		
	3	收音机天线有配备		
	4	补胎液或备胎有配备		
	5	车牌固定板螺钉卡子有配备		

表 2-3　仪表指示标识

序号	序号名称	序号	序号名称	标准/简图
1	驱动电机功率表	14	充电提醒灯	
2	前雾灯	15	EPS 故障指示灯	
3	示廓灯	16	安全带未系指示灯	
4	安全气囊指示灯	17	制动故障指示灯	
5	ABS 警示灯	18	防盗指示灯	
6	后雾灯	19	充电线连接指示灯	
7	远光灯	20	驻车制动指示灯	
8	跛行指示灯	21	门开指示灯	
9	蓄电池故障指示灯	22	车速表	
10	电机及控制器过热指示灯	23/25	左/右转向指示灯	
11	动力蓄电池故障指示灯	24	READY 指示灯	
12	动力蓄电池断开指示灯	26	REMOTE 指示灯	
13	系统故障灯	27	车外温度提示	

Project 3

项目三

电动汽车高压部件绝缘检测

任务 高压部件绝缘检测

1. 认识电动汽车高压部件的名称和作用。
2. 了解电动汽车高压部件绝缘检测的意义。
3. 掌握电动汽车高压部件绝缘检测工具的使用方法。
4. 掌握电动汽车高压部件绝缘检测的方法。

知识储备

一、高压部件绝缘检测的意义

电动汽车的电气系统通常分为低压系统和高压系统。

低压系统为车辆的中央控制器和灯光、刮水器、收录机和电动座椅灯等车身电器提供电能，一般采用直流12V或24V电源。经过近百年的发展，车用低压系统技术成熟、安全可靠。

电动及混动汽车高压系统主要由动力蓄电池、电源逆变器、电机控制器和电机等电气设备组成，其工作电压一般在直流300V以上。采用较高的电压规范，可以减小电气设备的工作电流，减轻电气设备和整车的重量。但是，较高的工作电压对高压系统与车辆底盘之间的绝缘性能提出了更高的要求。高压电缆线绝缘介质老化或受潮湿环境影响等因素都会导致高压电路和车辆底盘之间的绝缘性能下降，电源正、负极引线将通过绝缘层和底盘构成漏电流回路，使底盘电位上升。这不仅会危及乘客的人身安全，而且将影响低压电器和车辆控制器的正常工作。当高压电路和底盘之间发生多点绝缘性能严重下降时，还会导致漏电回路的热积累效应，可能造成车辆的电气火灾。因此，实时、定量地检测高压电气系统相对车辆底盘的电气绝缘性能，及时解决电动汽车绝缘故障，可以保证乘客安全、车辆电气设备正常工作和车辆安全运行。

二、高压部件的认识

电动汽车高压系统主要由动力蓄电池、高压控制盒、车载充电机、DC/DC变换器、电机控制器（MCU）、空调压缩机、暖风加热器和电机等电气设备组成，如图3-1所示。随着电动汽车技术的不断发展，高压电器部分逐渐向集成化发展，如北汽新能源EV系列新款轿车将高压控制盒、车载充电机、DC/DC变换器等相关模块集成为电源分配单元（PDU），如图3-2所示，有利于车辆电力控制的安全可靠和轻量化，节约空间和成本。

北汽纯电动汽车高压系统介绍

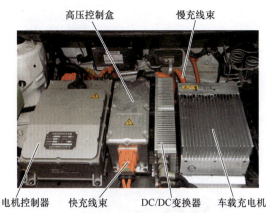

图 3-1 北汽新能源 EV160 电动汽车高压部件

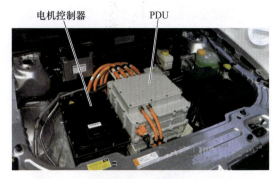

图 3-2 EV 系列新款轿车高压部件集成

1. 动力蓄电池

动力蓄电池是纯电动汽车的核心部件,价格昂贵,内部结构复杂,工作条件严苛。动力蓄电池属于高压安全部件,任何异常因素(如温度、短路、超载等)都会导致动力电路被保护切断。其对外一般只有两个插座,一个橙色的直流高压输出插座,电压高达 300V 以上,另一个电池检测控制系统低压插座,如图 3-3 所示。

2. 电机控制器

电机控制器又称为逆变器,简称 MCU,如图 3-4 所示,主要作用是将动力蓄电池的高压直流电转换为驱动电机的高压交流电,在工作过程中管理和控制驱动电机的运转速度、方向以及将驱动电机作为逆变电机发电,类似于传统汽车发动机控制模块(ECU)。其上有高压直流输入插座,用两根橙色高压电缆(正、负各一根)与 BMS 相连接。还有一个橙色交流输出插座,将转换后的三相高压交流电输出至驱动电机,也可将驱动电机发出的交流电送回电机控制器,用于给动力蓄电池充电。

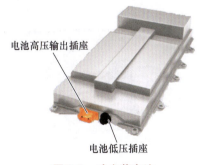

图 3-3 动力蓄电池

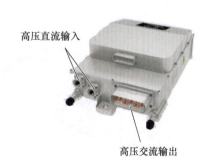

图 3-4 电机控制器

3. 驱动电机

工作中驱动电机将电能与机械能进行转换。驱动电机系统是纯电动汽车三大核心部件之一,是动力系统的重要执行机构,自身的运行状态等信息可以被采集到驱动电机控制器,并能传递到车辆管理系统(VCU)中。北汽新能源 EV160 和 EV200 采用永磁同步驱动电机,具有效率高、体积小、重量轻及可靠性高等优点。如图 3-5 所示,其上三根橙色电缆与电机控制器三相交流输出插座相连。

4. 车载充电机

车载充电机将市电 220V 交流电转换为动力蓄电池的直流电,实现电池电量的补给。如图 3-6 所示,其上有两个橙色高压插座,其中 2 脚的为直流高压输出插座,连接动力蓄电池端,6 脚的为交流电输入插座,连接市电 220V 电源。车载充电机比一般商用充电机具有效率高、体积小、耐受恶劣工作环境等特点。

车载充电机结构展示

图 3-5　驱动电机(带电缆)

图 3-6　车载充电机

5. DC/DC 变换器

将动力蓄电池的高压直流电转换为整车低压 12V 直流电,给整车低压用电系统供电及车上铅酸蓄电池充电。

6. 电动空调压缩机

电动空调压缩机采用直流无刷无传感器电机驱动,额定工作电压直流为 384V。如图 3-7 所示,其上有橙色直流高压输入插座(2 脚)和直流低压控制插座(6 脚)。

7. 加热器(PTC)

电动汽车冬季采暖使用额定功率为 3500W 的高压直流加热器。如图 3-8 所示。其上有橙色高压电缆三根(一正二负)。

图 3-7　电动空调压缩机

图 3-8　加热器

8. PDU

随着技术进步及消费者对成本降低的要求,将电机和电池的高低压控制、DC/DC 变换器、车载充电机、空调等高压与低压集成在一起,对这些设备电路集中配电与管理的装置。北汽新能源汽车的 PDU 如图 3-9 所示,PDU 的使用使车体变得更加整洁合理,后期维护方便,也大大降低了电气控制设备的价格。

三、高压部件绝缘检测的方法

1. 绝缘检测的工具——FLUKE 1587 绝缘万用表

FLUKE 1587 绝缘万用表是一款多功能数字式电量测量仪表,通过功能开关的转换,可以测量电压、电流、电阻、电容和温度等物理量(详见其使用说明书)。

万用表绝缘测试只能在不通电的电路上进行。测试之前,确保测试电路或者电气设备已处于断电状态。

当测量某一电气设备或者电路线束绝缘时,请按照图 1-12 所示设定仪表。

图 3-9 北汽新能源汽车的 PDU

2. 高压部件绝缘的检测安全注意事项

当进行北汽新能源系列电动汽车检测时,为确保检测人员安全,必须做好以下安全防护工作:

1)设置安全操作区域隔离装置和警示标志。
2)检测过程中必须有安全员在现场监督。
3)检查安全防护手套、安全鞋和眼镜设备仪器等符合安全等级要求。
4)关闭车辆电源,拔下电动车辆钥匙并由检测人员自行随身保管,断开辅助蓄电池负极,有高压检测开关的必须拔下检测开关并妥善保管。

3. 高压部件绝缘的检测方法及标准

高压部件绝缘的检测方法及标准见表 3-1。

表 3-1 高压部件绝缘的检测方法及标准

序号	高压零部件	检测项目	检测方法	标准值	图示
1	动力蓄电池	动力蓄电池正、负极与车身(外壳)绝缘电阻	拔掉高压盒端动力蓄电池输入线,将点火开关打到 ON 档,将兆欧表黑表笔置于车身,红表笔逐个接动力蓄电池正负极端子	正极≥1.4MΩ,负极≥1.0MΩ	
2	管理系统(BMS)	管理系统绝缘	将车辆电源关闭,打开高压盒输入插头,用绝缘表检测	总正≥1.5MΩ,总负≥1.0MΩ	
3	车载充电机	车载充电机正、负极与车身绝缘	断开辅助蓄电池负极,拔掉高压盒高压附件线束插头,将兆欧表黑表笔接于车身,红表笔逐个接高压盒高压附件线束插头的正极(E)和负极(F)	当环境温度为(23±2)℃、相对湿度为 45%~75% 时,正极(E)、负极(F)输出与车身(外壳)之间的绝缘电阻≥1000MΩ。当湿度为 90%~95% 时,绝缘电阻≥20MΩ	

（续）

序号	高压零部件	检测项目	检测方法	标准值	图示
4	DC/DC变换器	DC/DC变换器正负极与车身绝缘	断开辅助蓄电池负极，拔掉高压盒高压附件线束插头，将兆欧表黑表笔接于车身，红表笔逐个接高压盒高压附件线束插头的正极（A）和负极（G）	当环境温度为（23±2）℃、相对湿度为80%~90%时，正极（A）、负极（G）输出与车身（外壳）之间的绝缘电阻≥1000MΩ。当环境温度为-20~65℃、相对湿度为5%~85%时，正极（A）、负极（G）输出与车身（外壳）之间的绝缘电阻≥20MΩ	
5	空调压缩机	空调压缩机正负极与车身绝缘	断开辅助蓄电池负极，拔掉高压盒高压附件线束插头，将兆欧表黑表笔接于车身，红表笔逐个接高压盒高压附件线束插头的正极（C）和负极（H）	向空调压缩机内充入（50±1）cm³的冷冻机油和（63±1）g的HFC-134a制冷剂后，空调压缩机正负极对车身的绝缘电阻≥20MΩ；清空冷冻机油后，对车身外壳的绝缘电阻≥50MΩ	
6	加热器	加热器正负极与车身绝缘	断开辅助蓄电池负极，拔掉高压盒高压附件线束插头，将兆欧表黑表笔接于车身，红表笔逐个接高压盒高压附件线束插头的正极（B）和A组负极（D），B组负极（J）	加热器正负极与车身绝缘电阻≥500MΩ	
7	电机控制器、驱动电机	电机控制器、驱动电机正负极输入绝缘阻值的测量	断开辅助蓄电池负极，拔掉高压盒电机控制器输入插头，将兆欧表黑表笔接于车身，红表笔逐个接正负极端子	电机控制器正负极输入端子与车身（外壳）绝缘电阻值≥100MΩ	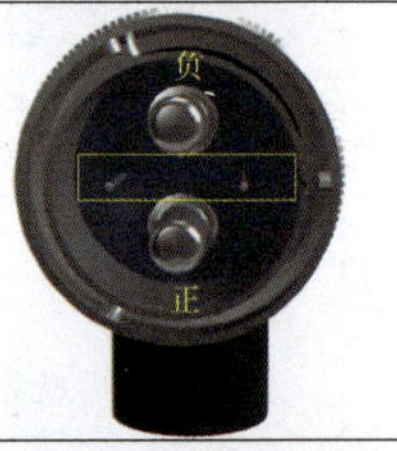
8	高压熔断器盒	高压盒正负极绝缘阻值的测量	断开辅助蓄电池负极，拔掉高压盒高压附加线束插头、动力蓄电池输入插头、驱动电机控制器输出插头，将兆欧表黑表笔接于车身，红表笔逐个测量高压盒端（动力蓄电池输入，驱动电机控制器输出）	高压盒端（动力蓄电池输入，驱动电机控制器输出）与车身（外壳）绝缘阻值为无穷大	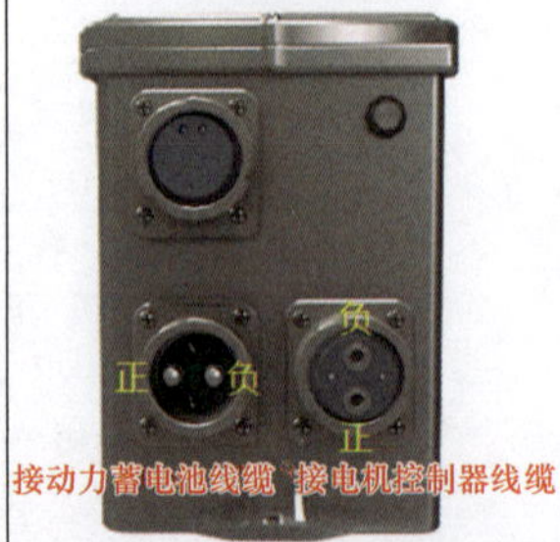

(续)

序号	高压零部件	检测项目	检测方法	标准值	图示
9	高压线束	高压线束线芯与线壳绝缘组织的测量	对所有高压（橙色）线缆，将兆欧表黑表笔接于线缆外壳，红表笔接高压线缆线芯	绝缘阻值为无穷大	快充线

高压测量仪器安全标准

一、电动车的高压安全防护措施

为保证电动汽车使用和维护过程中的安全，国家管理部门对电动汽车的安全保护提出了严格要求，厂家也根据相关要求在车辆设计中使用到漏电保护器、高压互锁技术、绝缘电阻检测技术等手段，确保车辆使用和维护安全。

1. 漏电保护器

电动汽车采用漏电保护器是必要的，一旦有正母线或负母线与车身相连，保护器就报警，这就避免了电机壳体漏电成为高压正极，站在车上的人触摸负极造成电击伤。这样的设计也可避免空调系统高压、DC/DC系统高压的泄漏。

2. 高压互锁

电机控制器密封在高压盒中，非工作人员不能拆开。但也会有工作人员疏忽和非工作人员强行拆开的情况，为防止电击伤，在电机控制器盒盖上设计有高压互锁开关，只要电机控制器盒体打开，开关动作，控制器收到信号断开系统的主继电器，可以避免意外电击出现。

3. 绝缘电阻检测

较高的供电电压对整车的电气安全提出了更高的要求，尤其是对高压系统的绝缘性能提出了更为苛刻的要求。绝缘电阻是表征电动汽车电气安全好坏的重要参数，相关电动汽车安全标准均做了明确规定，目的是为了消除高压电对车辆和驾乘人员人身的潜在威胁，保证电动汽车电气系统的安全。

根据电动汽车和人体安全标准，在最大交流工作电压小于660V，最大直流工作电压小于1000V以及整车质量小于3500kg的条件下，电动汽车的高压安全要求如下：

1）人体的安全电压低于35V，触电电流和持续时间乘积的最大值小于30mA·s。

2）绝缘电阻除以电池的额定电压至少应该大于100Ω/V，最好是能确保大于500Ω/V。

3）对于各类电池，充电电压不能超过上限电压，一般最高不超过额定电压的30%。

4）对于高于60V的高压系统的上电过程至少需要100ms，在上电过程中应该采用预充电过程来避免高压冲击。

5）在任何情况下继电器断开时间应该小于20ms，当高压系统断开后1s，汽车的任何导电的部分和可接触的部分搭铁电压峰值应当小于42.4V（交流）/60V（直流）。

二、电气测试仪器安全标准（CAT）

数字万用表面板上一般都标有诸如 CAT Ⅱ 600V、CAT Ⅲ 1000V、CAT Ⅳ 600V 这样的字样，如图 3-10 所示，其中 CAT 等级又称为测量类别、测量种类、过电压种类、过电压等级或设备类型等，而罗马数字Ⅰ、Ⅱ、Ⅲ或Ⅳ是级别数。

IEC（国际电工委员会）是制定电子电工仪器仪表国际安全标准的最具权威性的国际电工标准化机构之一。参照 IEC 的 "IEC61010-1：2001，测量、控制和实验室用设备安全通用要求"，一般把电气工作人员工作的区域（或电子电气测量仪器的使用场所）分为四个类别：CATⅠ、CATⅡ、CATⅢ和CATⅣ，称为 CAT 等级，它严格规定了电气工作人员在不同类别的电气环境中可能遇到的电气设备类型，以及在这样的区域中工作所使用的电子电气测量仪器必须要遵循的安全标准。换句话说，CAT 等级就是电子电气测量仪器使用场所的安全等级规定，它描述了测量仪器在所测量的电路中可执行的测量，划定了测量仪器所属的最高的"安全区域"，如图 3-11 所示。各安全区域规定如下：

图 3-10　数字万用表安全等级

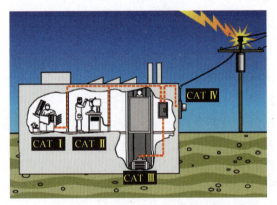

图 3-11　CAT 安全等级与区域

CATⅠ：测量类别Ⅰ，是指需要将瞬间过电压限制到特定水平的设备（含保护电路），即仪表的设计适用于非直接连接到电源的测量，例如：经由电源变压器连接插座的次级电气回路，一般指电子设备的内部电路。

CATⅡ：测量类别Ⅱ，是指由固定装置提供电源的耗能设备（用电设备），即仪表的设计适用于对直接连接到低压装置的电路进行测量，例如：通过电源线连接插座的一次电气回路，包括家用电器、个人计算机、手提工具和类似负荷等。

CATⅢ：测量类别Ⅲ，是指配电线路和最后分支线路的设备，即仪表的设计能够测量直接从配电盘获取电力的设备的一次回路和从配电盘到插座的回路，例如：固定安装的配电盘、断路器，包括电缆、母线、分线盒、开关、插座的布线系统，大型建筑的防雷设施，以及应用于工业的设备和永久接至固定装置的固定安装的电机等一些其他设备。

CATⅣ：测量类别Ⅳ，是指电源处（设备装置的起点）的设备，即仪表的设计能够测量使用接入线的电力设备和一次过电流保护装置（配电盘）的回路，例如：电气计量仪表

（电能表）、一次过电流保护设备、波纹控制设备等。

在仪表"CAT"标志旁边的电压值是指万用表在相应的测量环境中能够进行测量的最大连续工作电压（即能够承受电压冲击的上限），称为万用表的额定电压值或耐压等级。不同级别的测量电路具有高低不同的瞬间电压应力，CAT后面的数值越大表示电气环境的过渡性电压冲力越大，标有CATⅣ的万用表比标有CATⅢ的万用表可抗更高的冲力，标有CATⅢ的万用表比标有CATⅡ的万用表可抗更高的冲力。一块CATⅣ的万用表可在CATⅠ、CATⅡ和CATⅢ的环境下使用，但是一块CATⅠ的万用表在CATⅡ、CATⅢ、CATⅣ的环境下使用就不能保证安全，万用表可能发生爆炸和燃烧，威胁到使用者的安全。

Project 4

项目四

电动汽车充电系统维护保养

项目四 电动汽车充电系统维护保养

充电系统基本检查和维护

1. 了解电动汽车充电系统的要求、类型和方式。
2. 掌握电动汽车充电线束连接及对其接口的要求。
3. 掌握电动汽车车载充电机的功能、工作流程、状态判断和故障分析。
4. 掌握电动汽车 DC/DC 变换器的功能、工作流程、状态判断和故障分析。

知识储备

一、电动汽车充电系统概述

1. 电动汽车对充电装置的要求

（1）安全性 当电动汽车充电时，要确保人员的人身安全和蓄电池组的安全。当电动车辆充电时，电动车辆和电动车辆充电设备要正确地连接，便于在正常情况下使电能安全地从充电设备传输给电动车辆。即使在正常使用中有些疏忽，也不会给周围的环境和人（尤其是充电的操作人员）带来危险。

（2）使用方便 充电装置应具有较高的智能性，不需要操作人员过多干预充电过程。

（3）成本经济 成本经济、价格低廉的充电设备有助于降低整个电动汽车的成本，提高运行效益，促进电动汽车的商业化推广。

（4）效率高 高效率是对现代充电装置最重要的要求之一，效率的高低对整个电动汽车的推广使用具有重大影响。

（5）对供电电源污染要小 充电设备一般都会给供电电网及其周边用电设备造成有害的谐波干扰，也称谐波污染，电动汽车充电装置要求对电网及其周边用电设备谐波污染尽可能要少。

2. 电动汽车充电装置的类型

电动汽车充电装置的分类有不同的方法。总体上可分为车载充电装置和非车载充电装置。

（1）车载充电装置 车载充电装置是指安装在电动汽车上的采用地面交流电网对电池组进行充电的装置。它将一根带插头的交流动力电缆线直接插到电动汽车的插座中，给电动汽车充电。它完全按照车载动力蓄电池的种类进行设计，针对性较强。

（2）非车载充电装置 非车载充电装置，即地面充电装置，主要包括专用充电机、专用充电站、通用充电机和公共场所用充电站等。它可以满足各种电池的各种充电方式。通常

45

非车载充电器的功率、体积和重量均比较大，以便能够适应各种充电方式。非车载充电设备主要包括变压器、非车载充电机和电表等，如图4-1所示。

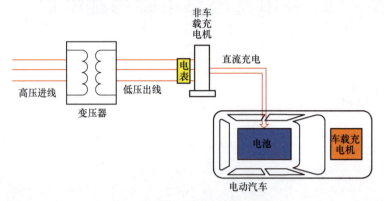

图4-1 非车载充电装置示意图

3. 电动汽车充电方式

电动汽车充电方式主要有慢充充电方式和快充充电方式两种。

（1）慢充充电方式 慢充充电俗称慢充系统，慢充系统使用交流220V单相民用电，通过整流变换，将交流电变换为高压直流电给动力蓄电池进行供电。慢充系统构成简图如图4-2所示。慢充充电的优点在于，充电器和安装成本较低，便于实现车载；可充分利用电力低谷时段进行充电，降低充电成本，保证充电时段电压相对稳定；充电设施体积小可携带，便于车辆在停车场以外的地方充电。

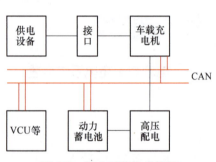

图4-2 慢充系统构成简图

慢充系统主要部件有电源、慢充电缆、慢充接口、车内高压线束、高压配电盒、车载充电机和动力蓄电池等，如图4-3所示。也可使用厂家随车配送的充电宝直接插在家用电源上进行充电，但要注意插座使用16A以上。

（2）快充充电方式 快充充电俗称快充系统，又称为应急充电，是指以较大的电流（150~400A）为电动汽车进行充电，目的是在较短的时间内，给电动汽车充满电，充电时间应该与燃油车的加油时间接近。快充系统一般使用工业380V三相电，通过功率变换后，将高压大电流通过母线直接给动力蓄电池进行充电，快充系统的构成如图4-4所示。

快充系统的主要部件有电源设备（快充桩）、快充接口、车内高压线束、高压配电盒和动力蓄电池等，如图4-5所示。

二、车载充电机的检查维护

1. 车载充电机的特点

车载充电机是充电系统关键部件之一。车载充电机相对于传统工业电源，具有效率高、体积小、耐受恶劣工作环境等特点。车载充电机具备以下特点：

1）根据电池特性设计充电曲线，可以延长蓄电池的寿命。
2）使用方便，维护简单，智能充电，无须人工值守。

项目四　电动汽车充电系统维护保养

图 4-3　慢充系统主要部件

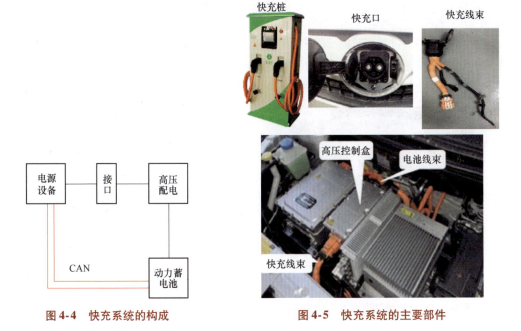

图 4-4　快充系统的构成　　　　图 4-5　快充系统的主要部件

3）保护功能齐全，具有过电压、欠电压、过电流、过热、短路和输出反接等保护功能。

4）直观性强，充电过程和故障采用指示灯，能一目了然。

5）采用高频开关技术，使得充电机效率高、体积小、重量轻。

2. 北汽新能源电动汽车车载充电机及其功能

北汽新能源汽车车载充电机如图 4-6 所示，它具备如下功能：

47

1）具备通过高速 CAN 网络与蓄电池管理系统通信的功能，判断动力蓄电池连接状态是否正确；获得电池系统参数，及充电前和充电过程中整组和单体蓄电池的实时数据。

2）可通过高速 CAN 网络与车辆监控系统通信，上传充电机的工作状态、工作参数和故障警告信息，接受起动充电或停止充电控制命令。

3）完备的安全防护措施。交流输入过电压保护功能、交流输入欠电压警告功能、交流输入过电流保护功能、直流输出过电流保护功能、直流输出短路保护功能。

4）温度控制功能。当散热器温度低于 45℃时，风扇不转动，当散热器温度高于 45℃时，风扇开始转动，可以减小噪声和延长风扇寿命；整机温度保护为 65℃，当机内温度达到 65℃时，充电机停止工作，等待散热后，低于 65℃后，自动恢复工作。

3. 车载充电机控制策略及工作流程

1）插上 220V 交流电源供电。
2）低压唤醒整车控制系统。
3）蓄电池管理系统检测充电需求。
4）蓄电池管理系统给车载充电机发送工作指令并闭合继电器。
5）车载充电机开始工作，进行充电。
6）电池检测充电完成后，给车载充电机发送停止指令。
7）车载充电机停止工作。
8）电池断开继电器。

4. 车载充电机状态判断（AC/DC 功能检测）

车载充电机上有三个指示灯，如图 4-7 所示，可以用来指示充电机的工作状态，以帮助车主判断充电是否正常。检测方法：对车辆进行充电，查看指示灯是否正常。车载充电机指示灯定义如下：

图 4-6　北汽新能源汽车车载充电机

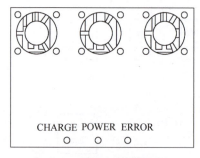

图 4-7　车载充电机指示灯

1）POWER 灯。电源指示灯，当接通交流电后，电源指示灯亮起。当起动 0.5min 后仍只有 POWER 灯亮时，有可能为电池无充电请求或已充满。

2）CHARGE 灯（北汽新能源 EV200 称 RUN 灯）。当充电机接通电池进入充电状态后，充电指示灯和 POWER 灯同时亮起。

3）ERROR 灯（北汽新能源 EV200 称 FAULT 灯）。报警指示灯，当充电机内部有故障时亮起。

4）当充电灯都不亮时，检查充电桩以及充电线束及插接件。

5. 车载充电机常见的故障及排除方法

（1）充电桩显示车辆未连接　解决方案：检查车辆与充电桩两端枪是否反接。

（2）动力蓄电池继电器未闭合　解决方案：检查插接器是否正常连接，检查充电机输出唤醒是否正常。

（3）电池继电器正常闭合但充电机无输出电流　解决方案：检查车端充电枪是否连接到位，检查高压熔断器是否熔断，检查高压插接器及线缆是否正确连接。

6. 车载充电机日常维护注意事项

1）检查散热风扇是否有异物。

2）散热齿上尽可能减少杂物，保证散热时风道畅通。

3）检查低压插接器是否有松动，保证插接器可靠连接。

4）检查高压插接器是否可靠连接。

5）检查外壳是否有明显碰撞痕迹，对充电机内部模块是否造成损坏。

三、DC/DC 变换器检测和维护

DC/DC 变换器如图 4-8 所示，它的作用是将动力蓄电池的高压电转为低压电，给蓄电池及低压系统供电，相当于传统汽车的发电机，具有效率高、体积小、耐受恶劣工作环境等特点。

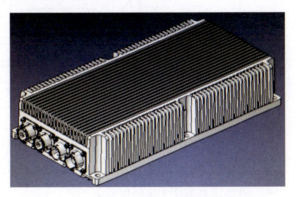

图 4-8　DC/DC 变换器

1. DC/DC 变换器的基本功能

1）当输入直流电压在一定范围内变化时，能输出负载要求的变化范围的直流电压。

2）输出负载要求的直流电流（范围）。能够输出足够的直流负载电流，并且能够允许在足够宽的负载变化范围内正常运行。

3）变换器是能量传递部件，因此需要转换效率高，以便提高能源的利用率。

4）为了降低对燃料电池的输出电压要求，变换器应具有升压功能。

DC/DC 变换器的主要技术指标见表 4-1。

表 4-1　DC/DC 变换器的主要技术指标

序号	主要技术指标	具体参数
1	输入电压	DC 240~410V
2	输出电压	DC 14V
3	效率峰值	大于88%
4	冷却方式	风冷
5	防护等级	IP67

2. DC/DC 变换器的工作流程

1）整车 ON 档上电或充电唤醒上电。

2）动力蓄电池完成高压系统预充电流程。
3）VCU 发给 DC/DC 变换器使能信号。
4）DC/DC 变换器开始工作。

3. DC/DC 变换器功能检测

用万用表检测 DC/DC 变换器输出电压是否符合要求，以判断其工作性能。检测方法如下：

1）将车钥匙置于 OFF 档，断开所有用电器并拔出钥匙。
2）按压辅助蓄电池锁压件，如图 4-9 所示，打开盖板并裸露出辅助蓄电池正极。

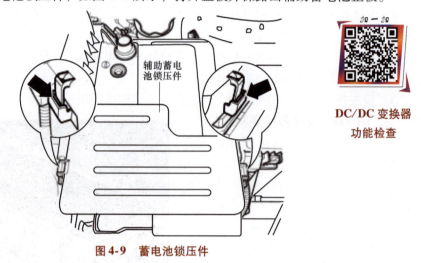

DC/DC 变换器功能检查

图 4-9　蓄电池锁压件

3）使用专用万用表电压档位测量辅助蓄电池的电压（并记录此电压值）。
4）将车钥匙置于 ON 档位置。
5）使用专用万用表电压档位测量辅助蓄电池的电压，这时所测的这个电压值是 DC/DC 变换器输出的电压。

检测结果：DC/DC 正常输出电压为 13.5～14V 范围内（关闭车上的用电设备的情况下）。如果两次测量电压一致，且均低于 13.5V，说明 DC/DC 变换器故障，应检查插接器是否正常连接，检查高压熔断器是否熔断，检查使能信号是否给出。

4. DC/DC 变换器日常维护注意事项

1）散热齿上尽可能减少杂物，保证散热时风道畅通。
2）保证低压插接器可靠连接。
3）检查高压插接器是否可靠连接。
4）检查外壳是否有明显碰撞痕迹，对 DC/DC 变换器模块是否造成损坏。

四、充电系统其他检查

1. 充电线束检查

检查充电线外观及其插头状态，充电过程中充电线会产生热量，检查是否有破损、裂痕，如有破损，请及时更换，避免产生危险对人员或对车辆造成伤害。另外对充电线束进行充电测试，检测充电线是否导通。

2. 充电口盖开关状态检查

如果充电口盖出现问题，车辆将无法正常起动。检查方法如下：

1)当充电口盖板打开时,仪表充电指示灯应常亮;当关闭充电口盖时,仪表充电指示灯应熄灭,如图 4-10 所示。

2)检查充电口盖能否正常开启或关闭,如图 4-11 所示。

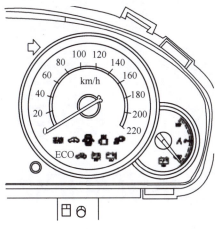

图 4-10　仪表充电指示灯

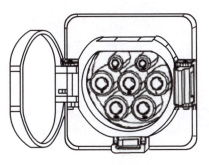

图 4-11　充电口盖

特斯拉 Model S 的五种充电方式

手机插接器:采用普通 110V/220V 市电插座充电,30h 充满。

单充电器:集成的 10kW 充电器,10h 充满。

双充电器:集成的 20kW 充电器,5h 充满。

大功率墙体插接器:一种快速充电器,可以装在家庭墙壁或者停车场,充电时间可以缩短为 5h。

超级充电:45min 能充 80% 的电量,但这种快速充电装置现在仅在北美才有。

特斯拉的充电设施如图 4-12 所示。

图 4-12　特斯拉的充电设施

Project 5
项目五
电动汽车动力蓄电池系统维护保养

项目五 电动汽车动力蓄电池系统维护保养

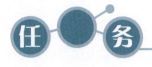

动力蓄电池基本检查

学习目标

1. 了解电动汽车动力蓄电池系统的结构及功用。
2. 了解电动汽车动力蓄电池的技术参数含义。
3. 了解电动汽车动力蓄电池安全设计思路和安全策略。
4. 掌握电动汽车动力蓄电池的基本检查项目和内容。

 知识储备

一、电动汽车动力蓄电池系统

1. 动力蓄电池系统的组成及功能

动力蓄电池系统主要由动力蓄电池模组、蓄电池管理系统（BMS）、动力蓄电池箱体及其他辅助元器件四部分组成，如图 5-1 所示。动力蓄电池系统接收和储存由车载充电机、发电机、制动能量回收装置或外部充电装置提供的高压直流电，并且为电驱动系统及电辅助系统提供能量。

图 5-1 动力蓄电池系统的结构

（1）动力蓄电池模组　动力蓄电池模组是由多个电池模块串联组成的一个组合体。电池模块由若干个单体蓄电池并联而成，该组合额定电压与单体蓄电池的额定电压相等，是单体蓄电池在物理结构和电路上连接起来的最小分组，可作为一个单元替换。单体蓄电池（也称为电芯）是构成动力蓄电池模块的最小单元。如北汽新能源 EV200 所用的 SK 电池模组由

3个额定电压为3.7V的单体蓄电池并联为一个电池模块,由91个电池模块串联组成整辆汽车的电池模组。

(2)动力蓄电池箱　动力蓄电池箱用来支撑、固定、包围电池系统的组件,主要包含上盖和下托盘,还有过渡件、护板和螺栓等辅助器件。动力蓄电池箱有承载及保护动力蓄电池组及电气元件的作用。电池箱体螺栓在车身地板下方,其防护等级为IP67,螺栓拧紧力矩为80~100N·m。整车维护时需观察电池箱体螺栓是否有松动,电池箱体是否有破损、严重变形,密封法兰是否完整,确保动力蓄电池可以正常工作。

(3)蓄电池管理系统(BMS)　BMS是电池保护和管理的核心部件,在动力蓄电池系统中,它的作用就相当于人的大脑。它不仅要保证电池安全可靠地使用,而且要充分发挥电池的能力和延长使用寿命,作为电池和VCU以及驾驶人沟通的桥梁,通过控制接触器控制动力蓄电池组的充放电,并向VCU上报动力蓄电池系统的基本参数及故障信息。

BMS实时采集各电芯的电压、电流及各温度传感器的温度值、电池系统的总电压值和总电流值等数据,实时监控动力蓄电池的过电压、欠电压、过电流、过高温和过低温保护、继电器控制、SOC(荷电状态)估算、充放电管理、均衡控制、故障报警及处理,与其他控制器通信功能等工作状态,并通过CAN线与VCU或充电机之间进行通信,对动力蓄电池系统进行充放电等综合管理。此外蓄电池管理系统还具有高压回路绝缘检测功能,以及为动力蓄电池系统加热功能。

BMS的功能

BMS的组成按性质可分为硬件和软件,按功能分为数据采集单元和控制单元。如图5-2所示,BMS的硬件包括主板、从板及高压盒,还包括采集电压、电流和温度等数据的电子器件。BMS的软件用来监测电池的电压、电流、SOC值、绝缘电阻值、温度值,通过与VCU、充电机的通信,来控制动力蓄电池系统的充放电。

图5-2　BMS的硬件、软件系统

(4)辅助元器件　辅助元器件主要包括动力蓄电池系统内部的电子电器元件,如熔断器、继电器、分流器、插接件、紧急开关和烟雾传感器等,维修开关以及电子电器元件以外的辅助元器件,如密封条、绝缘材料等,如图5-3所示。

2. 电动汽车动力蓄电池主要性能指标

纯电动汽车的能量来源是动力蓄电池组,其主要性能指标有电池容量、SOC、比能量、能量

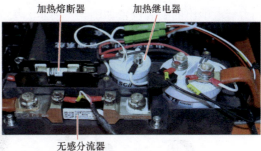

图 5-3　动力蓄电池系统辅助元器件

密度、比功率和循环寿命等,这些参数表达了动力蓄电池性能的优劣及对车辆续驶能力的影响。

1) 电池容量。完全充电的蓄电池在规定条件下所释放出的总容量,单位是 A·h。电池容量的测量方法是在恒定的温度下,以恒定的放电速率对电池放电,当电池电压降到截止电压时,电池所放出的电量。

2) 电池的能量。电池的能量是在按一定标准所规定的放电制度下,电池所输出的电能,单位为瓦时(W·h)或千瓦时(kW·h)。

3) 放电率。放电率是指单体蓄电池或电池放电过程中的电流。

4) 比能量。比能量是指单位质量或单位体积的电池释放的能量,单位为 W·h/kg 或 W·h/L。

5) 比功率。比功率是指单位质量或单位体积的蓄电池所具有的输出能量的速率,单位是 W/kg 或 W/L。

6) 荷电状态(SOC,State of Charge)。当前蓄电池中按照规定放电条件可以释放的容量占可用容量的百分比。

7) 放电深度(DOD,Depth of Discharge)。DOD 表示蓄电池放电状态的参数,等于实际放电容量与可用容量的百分比。

8) 循环寿命。在指定的充放电终止条件下,以特定的充放电制度进行充放电,动力蓄电池在不能满足奉命终止标准前所能进行的循环数。一般把电池的额定容量降到额定值的 80% 作为一个循环。表 5-1 所示为 36800MP-Fe 电池主要参数。

表 5-1　36800MP-Fe 电池主要参数

型号	36800MP-Fe
形式	锂离子蓄电池
额定容量/A·h	47
标称电压/V	332
常规车速/30min 最高车速/峰值功率电池放电倍率(C)	1(持续)/2.2(30min)/4(15s)
工作温度范围/℃	-20 ~ +55
80%DOD 循环次数	≥2000
电池类型	能量型
单体标称容量/A·h	6.8
单体标称电压/V	3.2

3. 动力蓄电池系统的安装

动力蓄电池组的安装位置如图 5-4 所示，大部分电动汽车动力蓄电池组一般安装在汽车底盘，这样会使整车重量分布均衡，重心下降，行驶更加平稳并且释放大量空间，提高了轿车的实用性能。

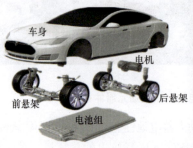

图 5-4 动力蓄电池组的安装位置

二、动力蓄电池安全设计

1. 动力蓄电池系统安全性管控

动力蓄电池系统产品的安全包含电气安全、机械安全、功能安全和化学安全四个方面。电气安全方面有过电流/外部短路保护、绝缘阻抗和抗电强度、直接接触和间接接触（等电位）、高压标识等。机械安全方面有密封（IP 等级）、耐振动、耐冲击、碰撞防护和防爆等。功能安全方面有过电压保护、欠电压保护、过温保护、过电流保护、碰撞过程中断开高压、ASIL 等级等。化学安全方面有材料阻燃等级、电芯安全要求和危险物品的标识等。动力蓄电池系统安全性提升的关键环节如下：

（1）模组材料安全　所有模组材料皆耐高温、耐腐蚀、防火等级高，一般模组上盖、外壳采用绝缘性、高低温特性和阻燃特性好的非金属材料，底板（盘）采用强度、刚度和疲劳特性好的铝合金材料。

（2）结构安全　网状、笼状的模组框架牢牢锁住电池单元体。模组通过加强板固定在箱体承重结构上，确保突发状态下单体蓄电池或模组不会脱落。托盘采用加强筋设计和壁厚冗余设计，以加强安全性。

（3）防爆安全　主动防爆通道设计，确保单体蓄电池喷发的气、液能迅速排出，防止短路或局部过热导致的燃烧事故。箱体增加泄气阀设计及密封保压测试装置。

（4）HV 连接可靠性　模组内电压采集线通过稳固螺栓与极片连接，设计专用的走线通道，用于隔离电压回路，防止高低压回路的短接事故。单体蓄电池间的极连采用先进的激光焊接连接方式，确保高压回路稳定可靠。

（5）BMS 主动安全　通过模糊温度控制技术，使系统内任一模组内部温度差在 ±2℃ 之内。BMS 紧急情况的主动保护功能，如单体蓄电池过充、过放、绝缘、温度过高、温差大等状态。

2. 纯电动汽车的能量管理系统

电池能量管理系统的功能具体如下：

1）电池剩余电量估算。在 BMS 中占据重要的地位，是 BMS 中软件处理的核心部分。

2）预测行驶里程。驾驶人员通过智能预测系统来选择自己所要行驶里程及运行工况，方便驾驶人员操作。

3）电池故障诊断。主要针对电池组中的单个蓄电池进行诊断，以便用户适时维护、更换，使汽车保持良好的运行工况。

4）短路保护。电动汽车工作电压较高，一般为 337V 左右，因此 BMS 应具有监控主回路供电状况的功能，以防止短路给设备及人造成伤害。

5）显示报警功能。经 ECU 运算处理后，把电池运行工况等相关信息发送到显示单元，进行人机交换处理。

6）实时跟踪监测电池系统运行状态参数。

3. 电池热管理系统

过高或过低的温度都将直接影响动力蓄电池的使用寿命和性能，并有可能导致电池系统的安全问题，同时电池箱内温度场的长久不均匀分布将造成各电池模块、单体间性能的不均衡，因此电池热管理系统对于电动汽车动力蓄电池系统而言是必需的。可靠、高效的热管理系统对于电动车辆的可靠安全应用意义重大。

电池组热管理系统有如下五项主要功能：

1）电池温度的准确测量和监控。

2）电池组温度过高时的有效散热和通风。

3）低温条件下的快速加热。

4）有害气体产生时的有效通风。

5）保证电池组温度场的均匀分布。

4. 电安全管理系统

电安全管理系统主要包括烟雾报警、绝缘检测、自动灭火、过电压和过电流控制、过放电控制、防止温度过高、在发生碰撞的情况下关闭电池等功能。

5. 电池的能量管理数据处理、通信和显示

由电池组的数据检测和采集系统采集到的数据，包括电池充放电时的功率、SOC 的估算、温度变化的限值等，通过 BMS 的 CPU，按照控制电池充放电的算法逻辑，作为电池组充放电的规则，来限制电池组或电池模块充放电的电流保持均衡和安全。

三、动力蓄电池系统检查和维护

1. 绝缘检查（内部）

为了防止电箱内部短路，需要进行绝缘检查（内部）。方法：将电箱内部高压盒插头打开，用绝缘表测试总正、总负搭铁，阻值≥500Ω/V（1000V 电压下测量）。工具：绝缘表。

2. 模组连接件检查

为了防止螺钉松动造成故障，需要进行模组连接件检查。方法：用做好绝缘的扭力扳手紧固（转矩：35N·m），检查完成后，做好极柱绝缘。工具：扭力扳手。

3. 电箱内部温度采集点检查

为了确保测温点工作正常，需要进行电箱内部温度采集点检查。方法：ECU监控温度与红外热像仪温度对比，检查温感精度。工具：笔记本、CAN卡、红外热像仪。

4. 电箱内部除尘

为了防止内部粉尘较多，影响通信，需要进行电箱内部除尘。方法：用压缩空气清理；工具：气吹枪、空压机。

5. 电压采集线检查

为了防止电压采集破损导致测试数据不准，需要进行电压采集线检查。方法：将从板插接件打开安装一次。

6. 标识检查

为了防止标识脱落，需要进行标识检查。方法：目测。

7. 熔断器检查

为了保证熔断器状态良好，事故时可正常熔断，需要进行熔断器检查和规格核对。方法：用万用表二极管档测量通断；工具：万用表。

8. 电箱密封检查

为了保证电箱密封良好，防止水进入，需要进行电箱密封检查。方法：目测密封条或更换密封条。

9. 继电器测试

为了防止继电器损坏，车辆无法正常上高压，需要进行继电器测试。方法：用监控软件起动关闭总正、总负继电器。工具：万用表、笔记本、CAN卡。

10. 高低压插接件可靠性检查

为了确保插接件正常使用，需要进行高低压插接件可靠性检查。方法：检查是否松动、破损、腐蚀和密封等情况。工具：万用表、绝缘表、端子拆卸仪。

11. 其他电箱内零部件检查

为了保证辅助性的部件正常使用，需要进行其他电箱内零部件检查。方法：检查是否松动、破损和脱落等情况。工具：螺钉旋具、扭力扳手。

12. 电池包安装点检查

为了防止电池包脱落，需要进行电池包安装点检查。方法：目测检查每个安装点焊接处是否有裂纹。

13. 电池包外观检查

为了确保电池包未受到外界因素影响，需要进行电池包外观检查。方法：目测电池无变形、无裂痕、无腐蚀、无凹痕。

14. 保温检查

为了确保冬季电池包内部温度，需要进行保温检查。方法：目测检查电池包内部边缘保温棉是否脱落、损坏。

15. 电池包高低压线缆安全检查

为了确保电池包内部线缆是否破损、漏电，需要进行高低压线缆安全检查。方法：目测电池包内部线缆是否破损、挤压。

16. 电芯防爆膜、外观检查

为了防止电芯损坏、漏电，需要进行电芯防爆膜、外观检查。方法：目测可见电芯防爆膜、电芯外观绝缘是否破损。

17. CAN 电阻检查

为了确保通信质量，需要进行 CAN 电阻检查。方法：下电情况，用万用表欧姆档测量 CAN1（3）高端对 CAN1（3）低端电阻。工具：万用表。

18. 电池包内部干燥性检查

为了确保电池箱内部无水渍，需要进行电池包内部干燥性检查。方法：打开电池包，目测观察电池箱内部是否有积水，测量电池包绝缘。工具：绝缘表。

19. 电池加热系统测试

为了确保加热系统工作正常，避免冬季影响充电，需要进行电池加热系统测试。方法：电池箱通 12V，打开监控软件，启动加热系统，查看加热电流值。工具：12V 电源、笔记本、CAN 卡、电流钳。

四、动力蓄电池系统故障

动力蓄电池系统故障包括一级故障、二级故障和三级故障。

一级故障：表明动力蓄电池在此状态下功能已经丧失，请求其他控制器立即（1s 内）停止充电或放电。如果其他控制器在指定时间内未做出响应，BMS 将在 2s 后主动停止充电或放电（即断开高压继电器）。其他控制器响应动力蓄电池二级故障的延时时间建议少于 60s，否则会引发动力蓄电池上报一级故障。

二级故障：表明动力蓄电池在此状态下功能已经丧失，请求其他控制器停止充电或者放电；其他控制器应在一定的延时时间内响应动力蓄电池停止充电或放电请求。

三级故障：表明动力蓄电池性能下降，BMS 降低最大允许充/放电电流。

动力蓄电池的故障在仪表上只显示动力蓄电池故障、动力蓄电池绝缘故障及动力蓄电池系统断开三种故障信息，只能很粗略判断故障位置，并不能精确定位。图 5-5 所示为动力蓄电池故障的仪表显示。

图 5-5 动力蓄电池故障的仪表显示

五、电动汽车长期停放时电池系统的维护

1. 辅助蓄电池维护

1）当车辆需停放较长时间（7天以上）时，需要断开辅助蓄电池负极桩头。

2）停放超过7天以上的车辆，需每周进行一次车辆上高压（上高压1h左右，直至READY绿灯点亮），通过车上动力蓄电池给辅助蓄电池充电。

2. 动力蓄电池维护

1）当车辆停放7天以上时，应保证车辆的剩余电量大于50%。

2）车辆停放超过3个月应该做一次充放电循环（将车辆行驶放电至剩余电量30%以下，使用慢充将动力蓄电池充电至100%后，再将车辆行驶放电至50%~80%后继续停放。

3）当车辆停放时，动力蓄电池也将发生一定的放电，当电量低于30%时，需要及时补充电，防止动力蓄电池过度放电，对动力蓄电池性能产生影响。

电池的SOC

电池的SOC是指电池在接受充电后，内部电荷的变化状态，用于描述电池内电量的变化和所余存电量的百分比。

一、影响电池的SOC的因素

1. 电池的活性物质的性能

不同类型的动力蓄电池是用不同的活性物质和不同的电解质制成的，特点表现为：电池的结构形式不同、储存电能的电压和容量不同、充放电的机理不同、电池的循环次数和使用的寿命不同、单体蓄电池之间的"不一致性"、电池的"老化"速度不同等，它们都对电池的SOC有重要影响。

2. 充放电和自放电特性

动力蓄电池在充放电的过程中，电池能够充放电的能力是受到SOC所限制，当以不同倍率充电时，充入的电量是与充电的电流成反比，充电的电流越大，充入的电量越小。当同样以不同倍率放电时，放出的电量是与放电的电流成反比，放电的电流越大，放出的电量越小，SOC只能是控制在允许的SOC_{max}与SOC_{min}范围内。任何一次过充电或过放电，都可能对动力蓄电池的活性物质造成一定的损害。另外动力蓄电池的自放电不仅对电池的SOC变化有影响，而且是以"无功"放电形式造成电能的损耗，因此长期不使用电池的电能，会因自放电造成SOC的下降或电能的殆尽。

3. 电池的温度

温度对动力蓄电池的充放电容量有较大的影响，通常以25℃时的容量作为参考标准，随着温度变化，电池的SOC也变化。电动汽车要对动力蓄电池组的温度进行监控和管理，控制动力蓄电池组的周边温度保持在较低的温度范围内，同时要求多个单体蓄电池的温度基本保持均衡。

二、动力蓄电池SOC的计算方法、应用范围以及优缺点

动力蓄电池SOC的计算方法、应用范围以及优缺点见表5-2。

表 5-2　动力蓄电池 SOC 的计算方法、应用范围以及优缺点

计算方法	应用范围	优 点	缺 点
放电试验法	各种电池初期 SOC 的测定	易操作、数据准确，与 SOH（电池健康状态）无关	无法在线测量，试验时间长，能量损耗大，并与实际使用状况有差别
按时计量法/(A·h)	各种电池 SOC 的测定	可以在线测量，成本低廉，与 SOH 无关，是较为可靠的测试方法，应用较普遍	无法确定电池初始的 SOC 数据，电流测定的准确性对试验结果影响较大。要求有较准确的电流测量仪表，SOC 估计误差较大
断路电压法	铅酸、镍氢、锂电池、锌溴 Zn-Br 等	可以在线测量，成本低廉，可以较精确测定铅酸电池的 SOC，镍氢、锂电池在充电初期和末期效果较好	电池需要长时间搁置，需要保持电压稳定，动态响应慢
负载电压法	铅酸、镍氢、锂电池、锌溴 Zn-Br 等	可以在线测量，成本低廉，可以根据放电电压和电流数据确定 SOC	动态响应较慢，需要大量采集数据，对于变电流的 SOC 数据处理较复杂
内阻法	铅酸、镍镉	可以在线测量，用测量电池内阻的变化，测出 SOH 变化数据	只适用于低的 SOC 状态
比重法	各种电池 SOC 的测定	可以在线测量，比重与 SOC	测定比较麻烦，不能用于加水的电池，安全性较差
人工神经网络法	各种电池 SOC 的测定	可以模拟电池的动态特性，在线测量 SOC	需要相近似的电池参考数据，包括电压、电流内阻放电量等参数，各种参数要求精确、可靠
卡尔曼滤波法 SOC-Kal	各种电池 SOC 的测定	可以在线测量，适合于变电流时 SOC 的估算	需要合适的电池模型，确定内部参数较困难，需要大量的数据处理，SOC 平均误差较小

Project 6

项目六

电动汽车冷却系统维护保养

任务一 冷却系统基本检查

学习目标

1. 知道冷却系统的结构、组成和原理。
2. 了解冷却液的功用及质量要求。
3. 掌握使用冰点仪检查冷却液质量的方法。
4. 掌握冷却系统的基本检查维护方法。

知识储备

一、电动汽车的热来源

电动汽车关键零部件电池、电机、电机控制器及充电机在能量转化过程中会产生大量的热量，这些热量如果不能够及时地散发出去，将导致电机、控制器和电池等重要电器设备不能正常工作，车辆限扭运行甚至导致汽车零部件的损坏。

二、电动汽车冷却系统的组成、功用和工作原理

1. 电动汽车冷却系统的组成

电动汽车冷却系统主要由电动水泵、散热器、风扇、水管、膨胀水箱、控制器箱体水套组件、电机水套组件、冷却液管和冷却液等组成，如图 6-1 所示。其主要零部件及其功能如下：

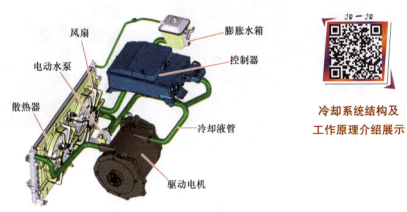

图 6-1 电动汽车冷却系统的组成

冷却系统结构及工作原理介绍展示

（1）电动水泵 电动水泵（图 6-2），是冷却液循环的动力元件，电动水泵的作用是对冷却液加压，促使冷却液在冷却系统中循环，以带走系统散发的热量。北汽新能

源EV200电动水泵安装在车身右纵梁前部下方,如图6-3所示,位于整个冷却系统较低的位置。

图6-2 电动水泵

图6-3 北汽新能源EV200电动水泵的安装位置

(2) 散热器及电子风扇 北汽新能源EV200的电子风扇如图6-4所示,左右两个风扇及导流框一起固定在散热器外壳上。它的作用是提高流经散热器、空调冷凝器的空气流速和流量,以增强它们的散热能力,并冷却机舱其他附件。电子风扇采用左右两档调速双风扇,分别由整车电源提供输入,根据电机、电机控制器、空调压力等参数由VCU控制双风扇运行采用。

(3) 膨胀水箱 膨胀水箱如图6-5所示,其作用是为冷却系统冷却液的排气、膨胀和收缩提供受压容积,补充冷却液和缓冲"热胀冷缩"的变化,同时也作为冷却液加注口。膨胀水箱位置要高于冷却系统的所有部件,目的是当冷却系统中冷却液受热膨胀至散热盖的蒸汽阀打开时,部分冷却液随着高压蒸汽通过溢水管回到水箱中。北汽新能源EV200的膨胀水箱开启压力为29~35kPa,膨胀水箱采用PP材料,结构设计满足爆破压力≥200kPa,下端出水管通向水泵,上端为溢水管。

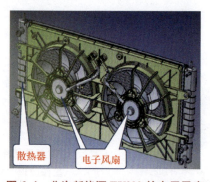

图6-4 北汽新能源EV200的电子风扇

图6-5 膨胀水箱

(4) 冷却管 冷却管内外胶为三元乙丙橡胶(EPDM),中间层由织物增强,耐温等级是Ⅰ级(125℃),爆破压力达到1.3MPa。冷却水管壁厚4mm,端口有安装定位标识,装配时标识与散热器上的定位标识要对齐。

2. 冷却系统工作过程

散热器及水箱中的冷却液在电动水泵的带动下强制循环,冷却液在控制器箱体组件和电机组件冷却液管道内吸收热量后,流经散热器,将热量散发到空气中,然后再流入电子水泵的进水管。如此往复循环，以保证主电机和主电机控制器在最佳温度下工作。

三、冷却液质量要求及质量检查

1. 冷却液的质量要求

冷却液又称为防冻液，是由水、防冻添加剂及防止金属产生锈蚀的添加剂组成的液体。现在市面上使用最多的是以乙二醇为主要防冻成分，再添加缓蚀剂、消泡剂、着色剂、防霉剂和缓冲剂等组成的防冻冷却液。冷却液作为冷却介质，除了要有良好的散热性外，还要有以下性能：

（1）防结冰作用　液体在冬季气温低于0℃时会结冰，不但无法流动散热，还会胀裂管道。为使汽车在冬季低温下仍能继续使用，冷却液都加入了乙二醇等一些能够降低水冰点的物质作为防冻剂，保持在低温天气时冷却系统不冻结。

（2）防腐作用　冷却系统中散热器、水泵、驱动电机、控制器外壳、分水管等部件是由钢、铜、铝、焊锡等金属组成的，在冷却液中电解质的作用下容易发生电化学腐蚀，冷却液中的二元醇类物质分解后形成的酸性产物也会促进冷却系统腐蚀。同时腐蚀产物堵塞管道，引起电机过热失效。因而冷却液中都加入一定量的防腐蚀剂，防止冷却系统产生腐蚀。

（3）防垢作用　冷却系统中的水垢来源于水中的钙、镁等阳离子。水垢能磨损水泵密封件并覆盖在设备冷却水套、水箱管道内壁，使其导热率下降，因此为了减少水垢的生成，冷却液在生产和加注过程中均要求使用经过软化处理的去离子水。

（4）防沸腾作用　冷却液沸腾汽化，不仅会加大对冷却系统的气蚀损坏，还会造成冷却液超量消耗。因此冷却液中添加了提高沸点的物质。

2. 冷却液冰点检查方法

（1）冷却液外观检查　GB 29743—2013《机动车发动机冷却液》规定，目视冷却液应外观清亮透明，无沉淀及悬浮物，无刺激性气味。

（2）冷却液冰点检测　冷却液冰点应该低于当地最低气温10℃以上，才可保证安全使用。商品冷却液包装上面会注明该冷却液的成分、冰点及沸点等性能参数。冰点测量使用冰点检测仪（图6-6）进行。

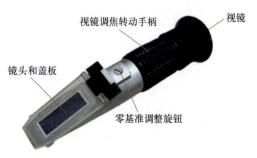

图6-6　冰点检测仪

当使用冰点检测仪时，用柔软的绒布将盖板及棱镜表面擦拭干净，将待测液体用吸管滴于棱镜表面，合上盖板轻轻按压。将冰点检测仪对向明亮处，旋转目镜使视场内刻度线清晰，读出明暗分界线在标示板上相应标尺上的数值，即为该冷却液冰点值。

四、冷却系统的检查维护

在检查前机舱任何部件之前，整车需要下电，将点火开关关闭，断开辅助蓄电池负极。

1. 冷却液液位检查

电动汽车冷却液液位必须定期检查，在冷却液处于冷态时目视检查，膨胀水箱内的冷却液的高度应保持在"MAX"和"MIN"两条标记线之间，如图6-5所示。检查冷却液外观质量时在打开散热器盖之前，必须确认电机、DC/DC变换器、电机控制器以及散热器均已冷却。在电动机未完全冷却时，打开散热器盖，可能会导致冷却液喷出，造成严重烫伤。

2. 检查冷却系统有无泄漏现象
检查冷却系统各管路和各部件接口处有无泄漏现象。

3. 导线检查
检查水泵和风扇电机电源导线，是否有老化、破皮、电源线铜芯外露等现象，若有应及时维修。

4. 泄漏检查
检查散热器盖、软管处有无泄漏，芯体是否老化、堵塞。若有予以更换。

5. 清理散热器
检查散热器和空调散热片通风道出现碎屑堆积时进行清理。在电机冷却后，在散热器后部（电机侧）使用压缩空气来冲走散热器或空调冷凝器的碎屑，严禁使用水枪对散热器散热片喷水清洗。

知识拓展

冷却液的基本知识

冷却液由水、防冻剂和添加剂三部分组成，按防冻剂成分不同可分为酒精型、甘油型、乙二醇型和丙二醇（MPG）型的冷却液。

酒精型冷却液是用乙醇（俗称酒精）作为防冻剂，价格便宜，流动性好，配制工艺简单，但沸点较低、易蒸发损失、冰点易升高、易燃等，现已逐渐被淘汰。

甘油型冷却液沸点高、挥发性小、不易着火、无毒、腐蚀性小，但降低冰点效果不佳、成本高、价格昂贵，用户难以接受，只有少数北欧国家仍在使用。

乙二醇型冷却液是用乙二醇作为防冻剂，并添加少量抗泡沫、防腐蚀等综合添加剂配制而成。由于乙二醇易溶于水，可以任意配成各种冰点的冷却液，其最低冰点可达-68℃，这种冷却液具有沸点高、泡沫倾向低、黏温性能好、防腐和防垢等特点，是一种较为理想的冷却液。但是目前国内构成冷却液主体的乙二醇是一种毒性大且难生物降解的化合物，为了替代乙二醇，许多欧洲国家多采用MPG作为冷却液调配基液。国内对MPG型冷却液的相关科研工作也日趋成熟。MPG型冷却液一般分为水-MPG型冷却液和无水MPG型冷却液，其中无水MPG型冷却液性能优越，特点如下：

1) 冷却液冰点低达-68℃，沸点高达187℃，具有名副其实的抗沸抗冻性能。

2) 由于无水存在，冷却系统在低压状态下运行，避免了高压对金属的侵蚀。

3) 二醇的氧化反应被阻断，就不会产生腐蚀性有机酸，系统的pH值得以保持，缓蚀剂可以少加或不加。

4) 无水MPG型冷却液蒸气压和蒸气密度远远低于有水型冷却液，这在重负荷冷却系统中有着很重要的实际意义，大大减小了流体从高压区向低压区，从低温区向高温区流动过程中出现的气蚀及发动机重负荷运转下的超声波抖动气蚀，即无水MPG型冷却液在不使用亚硝酸盐的情况下仍有足够的抗气蚀能力，具备重负荷冷却液的性能特征。

任务二 冷却液的更换

学习目标

1. 掌握冷却液的排放方法。
2. 掌握冷却液的添加方法。
3. 掌握冷却系统的清洗方法。
4. 知道冷却液排放、添加的注意事项。

知识储备

一、冷却液的排放

在正常情况下，汽车行驶 30 000～40 000km，或者 3 年左右，冷却液就会发生变质，甚至浑浊变臭，冷却效果变差。因此就需要定期更换冷却液，并清洗冷却系统。冷却液排放方法如下：

1）打开散热器密封盖。在打开散热器密封盖时，为防止热蒸汽逸出，要按规定戴好护目镜并穿上防护服，用抹布盖住密封盖并小心打开，以免烫伤眼睛和皮肤。

冷却液的更换

2）将收集盘置于车下，如图 6-7 所示，防止废液污染环境。

3）拧开散热器冷却液排放阀，如图 6-8 所示。

图 6-7 放好收集盘

图 6-8 拧开排放阀

4）排放出冷却系统中的冷却液（约 4L）。注意按照相关规定合理处置废弃冷却液。

二、冷却系统的清洗

电动汽车冷却系统的清洗是排除冷却系统中沉淀物，保证冷却管道保持畅通，防止污染新加注的冷却液的主要手段。每次更换新的冷却液时应同时对冷却系统进行清洗。冷却系统内部清洗的方法步骤如下：

1）要确保主电机停机并处于冷却状态，取下散热器盖。

2）打开散热器底部的排放塞，排空旧的冷却液。

3）关上排放塞并给冷却系统注入干净的水，并添加适量清洗剂。注意不要超过膨胀水箱的"MAX"标线。

4）起动主电机，空转主电机30min（或者按照清洁剂指示进行操作）。

5）关掉主电机冷却5min，将散热器内液体排空。

6）关上排放塞，再次给膨胀水箱注满清水并让发动机空转5min后排空，检查排出的水必须干净，否则重复清洗。

三、冷却液的加注

1）关紧冷却液排放阀，给膨胀水箱内加注冷却液至最高限。注意只允许使用北汽新能源公司提供的冷却液（北汽新能源EV200加注冷却液的型号为"-40℃"的E00004003冷却液），不允许与先前的冷却液添加剂混合，防止不同化学成分引起反应。

2）开启电动水泵，待水泵循环运行2～3min后，再补充冷却液，重复以上加注操作，直至达到冷却系统加注量要求（大约4L），补充加注至上限位置。

3）待电机冷却后，检查膨胀水箱中冷却液液位应处在两条刻线之间，如图6-9所示。

4）如果更换了散热器、驱动电机等，不能重新使用已经用过的冷却液。

5）冷却液有毒，有腐蚀性，如不慎溅到皮肤上应尽快用大量清水冲洗或就医。在加注时，应避免泼溅到车身上损坏漆面。

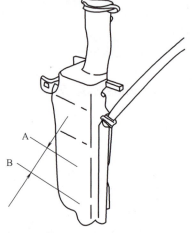

图6-9 冷却液检查

四、冷却系统常见故障及排除

冷却系统常见故障及发生部位、排除方法见表6-1。

表6-1 冷却系统常见故障及发生部位、排除方法

故障现象	故障部位	故障原因	解决方案
电机或控制器过热	冷却液缺少	冷却液缺少，未按保养手册添加冷却液	溢水罐处添加冷却液
	冷却液泄漏	环箍破坏，水管接口处冷却液泄漏	更换全新环箍，留存故障件
		水管破损，水管本身冷却液泄漏	更换全新水管，留存故障件
		散热器芯体破坏，芯体处渗漏冷却液	更换散热器芯体，留存故障件
	冷却液泄漏	散热器水室开裂，水室外侧泄漏冷却液	更换散热器芯体，留存故障件
		散热器水室与芯体压装不良，接缝处渗漏	更换散热器芯体，留存故障件
		散热器放水堵塞丢失，放水孔处渗漏	更换散热器放水堵塞
	电动水泵	冷却液杂质，导致电动水泵堵转	更换系统冷却液
		电动水泵破损，泵盖/密封圈/泵轮破坏	更换电动水泵，留存故障件

（续）

故障现象	故障部位	故 障 原 因	解 决 方 案
电机或控制器过热	电动水泵	整车线束故障，虚接/短路/断路等故障	查找线束故障，依据线束维修手册处理
		控制器熔丝/继电器熔断/插接件针脚退针	更换电动水泵，留存故障件
	散热器风扇	风扇控制器/继电器/插接件针脚退针	更换散热器风扇，留存故障件
		整车线束故障，虚接/短路/断路等故障	查找线束故障，依据维修手册处理
		扇叶破损/断裂，扇叶不工作	更换扇叶，留存故障件
		电机/控制器温度传感器故障，风扇不工作	查找电机/控制器故障，依据维修手册处理
	散热器	芯体老化，芯管堵塞	更换散热器
		散热片倒 V 变形，影响进风量	更换散热器
		水室堵塞，影响冷却液循环	更换散热器
	前保险杠中网或下格栅	进风口堵塞	查找进风口故障，依据相应维修手册处理
水泵异响	电动水泵	冷却液杂质，导致电动水泵卡滞	更换系统冷却液
		泵轮破坏，造成水泵异响	更换电动水泵，留存故障件
		冷却液缺失，水泵空转	补充冷却液
		冷却液排空不彻底，水泵气蚀	冷却液排空气处理
		水泵高速运行，控制器或线束故障	更换控制器或查找整车线束故障
风扇异响	风扇	扇叶破损/断裂，扇叶异响	更换扇叶，留存故障件
		护风圈与扇叶摩擦，扇叶异响	更换风扇总成，留存故障件
		护风圈进入杂质，扇叶异响	排除杂质，确认风扇无异常
		冷却液温度过高，风扇高速运行	根据电机过热，排除故障

Project 7

项目七

电动汽车底盘维护保养

项目七 电动汽车底盘维护保养

任务一 电动汽车底盘基本检查

学习目标

1. 了解电动汽车底盘构造和各零部件的作用。
2. 掌握电动汽车底盘主要零部件的检查维护方法。

知识储备

一、汽车底盘的构造与功能

1. 传统汽车底盘

传统汽车底盘如图 7-1 所示，由传动系统、行驶系统、转向系统和制动系统四部分组成，底盘的作用是支撑、安装汽车发动机及其他各部件、总成，形成汽车的整体造型，并接受发动机的动力，使汽车产生运动，保证正常行驶。

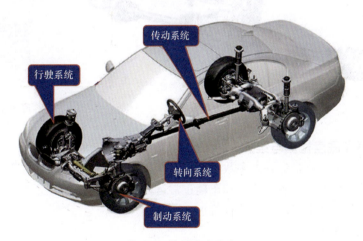

图 7-1 传统汽车底盘

（1）传动系统　传动系统一般由发动机、离合器、变速器、减速器、差速器和传动轴等组成，如图 7-2 所示。汽车发动机所发出的动力靠传动系统传递到驱动车轮。传动系统具有减速、变速、倒车、中断动力、轮间差速和轴间差速等功能，与发动机配合工作，能保证汽车在各种工况条件下的正常行驶，并具有良好的动力性和经济性。

（2）行驶系统　行驶系统由汽车的车架、车桥、车轮和悬架等组成。功用是接受传动轴的动力，通过驱动轮与路面的作用产生牵引力，使汽车正常行驶；承受汽车的总重量和地面的反力；缓和不平路面对车身造成的冲击，衰减汽车行驶中的振动，保持行驶的平顺性；

71

与转向系统配合,保证汽车操纵稳定性。

(3) 转向系统　转向系统由转向盘、转向器、横拉杆和转向节等构成,功能是按照驾驶人的意愿控制汽车的行驶方向,保证行驶方向的稳定性和转向操作的轻便性。

(4) 制动系统　制动系统由前后轮制动器、制动操纵装置和制动增力装置等组成,其作用是使行驶中的汽车按照驾驶人的要求进行强制减速甚至停车,使已停驶的汽车在各种道路条件下稳定驻车,使下坡行驶的汽车速度保持稳定。

2. 北汽新能源 EV200 底盘构成及各部件的作用

图 7-2　汽车传动系统

电动汽车的底盘和传统汽车底盘的构成和作用基本一样,也是由传动系统、行驶系、转向系统和制动系统组成的。但因电动汽车没有了传统的燃油发动机,因此在传动系统上和传统汽车有了较大区别,没有了发动机、离合器和变速器,只有电动机、减速器、差速器和传动轴,结构大为简化,如图 7-3 所示。

图 7-3　电动汽车传动系统

底盘基本检查

二、电动汽车底盘检查与维护

汽车的底盘工作环境恶劣,大多数零部件工作在裸露、高速旋转和频繁工作状态下,容易受复杂外力、温度等的影响,关系到车辆正常运转和驾驶的平稳性、乘坐的舒适性以及安全性。需定期对底盘的零部件进行检查维护。

1. 悬架系统认知和维护

汽车悬架系统是车架(或车身)与车桥(或车轮)之间的弹性连接装置的通称,由弹性元件、导向机构、减振器和横向稳定杆组成,如图 7-4 所示。它的作用是弹性地连接车桥和车架(或车身),缓和行驶中车辆受到的冲击力,衰减由弹性系统引进的振动,使汽车在行驶过程中保持稳定,提高舒适性及操作稳定性。

悬架系统检查与维护主要的内容如下:

1) 汽车停放在坚实平整地面,检查时保持轮胎气压一致。目测车身是否倾斜,若倾斜进一步检查各个减振器、减振弹簧状况。用力往下按压汽车四侧,观察各减振器、悬架是否有异常声响,是否有漏油现象,异常时更换。

项目七 电动汽车底盘维护保养

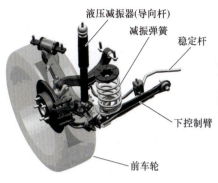

图 7-4 北汽新能源 EV 系列汽车的悬架

2）检查减振器上方的联接螺栓是否按要求力矩紧固。

3）举升车辆，目测减振器是否有凹痕、损坏和变形等情况，减振弹簧有无扭曲、裂纹情况。检查减振弹簧上下座是否有松脱、开裂现象，检查前后减振器是否有漏油，防尘罩是否有裂纹，油封是否有破坏，有则需要更换。

4）检查悬架螺栓、各支架螺栓联接紧固力矩是否符合规定。

2. 电动汽车底盘其他零部件的检查维护

1）检查左右摆臂及转向器外侧拉杆球头，拉杆球头上的防尘罩是否出现破损、漏油现象，检查球头的摆动与转动是否流畅，是否有松动现象。

2）目测驱动电机外壳是否有磕碰损坏现象，并判断是否影响到电机正常工作。检查减速器外表是否有磕碰损坏、漏油现象，如有应予以更换。清洁电机外部，检查电驱动系统插接件状态，检查驱动电机及减速器在前悬支架的紧固情况，按规定力矩拧紧，如图 7-5 所示。

3）目视检查动力蓄电池箱外表有无碰撞破损现象，如有进一步检查是否影响到安全使用。检查动力蓄电池固定螺栓紧固情况。

4）检查车下高压系统电缆防护套是否有进水、老化和破损现象，若有损坏，进一步检查绝缘状况并予以修复。检查电力控制系统各插接头是否有松脱现象。

5）检查制动系统液压管道紧固状况是否完好，管路接头是否有漏油现象，若有，查清原因修复。

6）转动车轮检查万向传动轴转动是否异常，是否有杂声；检查万向节护套是否完整有效，如图 7-6 所示。

图 7-5 驱动电机、减速器的检查维护

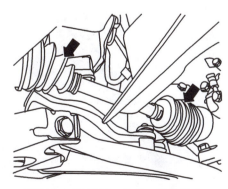

图 7-6 传动轴万向节、护套检查

任务二 减速器油的更换

学习目标

1. 了解减速器的功能、技术参数和工作原理。
2. 掌握检查与维护减速器的方法和注意事项。

知识储备

一、减速器介绍

1. 减速器的构造及其功能

减速器是把电机、内燃机或其他高速运转的机器动力通过其输入轴传递给其上的小齿轮，再通过小齿轮啮合输出轴上的大齿轮，达到减速增扭的目的。

电动汽车减速器的构造如图 7-7 所示，将减速器与差速器合二为一，制作在一个壳体中。电机的高速运动，通过中间齿减速增扭后传递给差速器，再由差速器通过万向传动轴带动车轮，驱动车辆运动。电动汽车减速器和电机在车上的安装如图 7-8 所示。

2. 北汽新能源 EV 系列电动车减速器技术参数

北汽新能源 EV 系列电动车搭载的减速器总成型号为 EF126B02，是由中国长安汽车集团股份有限公司重庆青山变速器分公司生产的，主要功能是将整车驱动电机的转速降低、转矩升高，以实现整车对驱动电机的转矩、转速需求，其技术参数见表 7-1。EF126B02 减速器总成是一款前置前驱减速器，采用左右分箱、两级传动结构设计。具有体积小、结构紧凑的特点，采用前进档和倒档共用结构进行设计，整车倒档通过电机反转实现，如图 7-9 所示。

图 7-7　电动汽车减速器的构造

图 7-8　电动汽车减速器和电机在车上的安装

表 7-1　减速器的技术参数

技术指标	技术参数	备 注
最高输入转速	9000r/min	
转矩容量	≤260N·m	
驱动方式	横置前轮驱动	
减速比	7.793	
驱车功能	无	
重量	23kg	不含润滑油
润滑油规格	GL-475W-90 合成油	推荐嘉实多 BOT（美孚 1 号）
设计寿命	10 年/30 万 km	

该型减速器动力传动机械部分是依靠两级齿轮副来实现减速增扭。其按功用和位置分为五大组件：右箱体、左箱体、输入轴组件、中间轴组件、差速器组件。动力传递路线为：驱动电机→输入轴→输入轴齿轮→中间轴齿轮→差速器半轴齿轮→左右半轴→左右车轮，如图 7-10 所示。

图 7-9　EF126B02 减速器

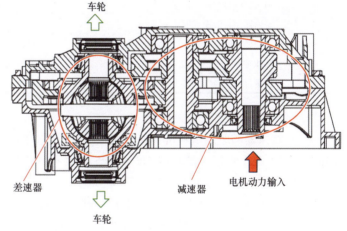

图 7-10　减速器动力传递路线

二、电动汽车减速器检查维护

1. 维护保养周期及要求

对于初次维护保养，变速器磨合后，建议 3000km 或 3 个月更换润滑油，以后进行定期维护保养，其维护保养应在整车特约维修点进行。建议维修周期见表 7-2。

表 7-2　减速器的维护周期

里程/km	1 万	2 万	3 万	4 万	5 万	6 万	7 万	8 万
月　数	6	12	18	24	30	36	42	48
方　法	B	H	B	H	B	H	B	H

1）维护保养周期应以里程表数或月数判断，以先达到之一为准，表 7-2 按 8 万 km 内

的定期维护保养，超过 8 万 km 按相同周期进行维护。

2）适用于各种工况行驶（重复的短途行驶，在不平整或泥泞的道路上行驶，在多尘路上行驶，在极寒冷季节或者盐碱路上行驶，极寒冷季节的重复短途行驶）。

3）表中 B 表示在维护保养检查必要时更换润滑油，H 表示更换润滑油。

4）如不因换油而是其他维修作业，提升车辆时，也应同时检查减速器是否漏油。

5）该型减速器使用润滑油厂家要求为 GL-4/75W-90 等级的合成齿轮油，持续使用温度 ≥140℃，使用量为 0.9~1.1L。供应商推荐使用嘉实多 BOT130，北汽新能源公司用油为美孚 1 号 LS。

2. 减速器外观的检查及处理

目测检查减速器外部有无磕碰、变形，有无渗油、漏油情况。

减速器产生的渗漏油，主要原因如下：输入轴油封磨损或损坏、差速器油封磨损或损坏、油塞处漏油、箱体破裂、油量过多由通气塞溢出。如若出现以上这些问题，按表 7-3 所列措施处理。

表 7-3 减速器渗油故障分析和处理措施

序 号	故 障 分 类	处 理 措 施
1	输入轴油封磨损或损坏	参考维修手册操作规范，更换油封
2	差速器油封磨损或损坏	参考维修手册操作规范，更换油封
3	油塞处漏油	对放油塞涂胶，按规定力矩拧紧
4	箱体破裂	参考维修手册对减速器进行维修
5	油量过多由通气塞溢出	检查油位，调整油量

3. 检查减速器螺栓紧固情况

（1）减速器与驱动电机的装配连接 减速器与驱动电机连接方式，减速器端匹配 5 个 ϕ9mm 通孔，3 个带钢丝螺套的 M8×1.25 螺纹孔。使用 8 个 M8×1.25×35 10.9 级六角法兰面螺栓联接，拧紧力矩为（40±5）N·m。

（2）减速器与悬置支架的装配连接 减速器采用 3 个左悬置点、3 个后悬置点，悬置点螺纹孔规格为 M10×1.25 和 M12×1.25，左旋置使用 3 个 M10×1.25×40 的 10.9 级六角法兰面螺栓联接，拧紧力矩为（75±5）N·m，后悬置使用 2 个 M10×1.25×25 的 10.9 级六角法兰面螺栓联接，拧紧力矩为（75±5）N·m，1 个 M12×1.25×65 的 10.9 级六角法兰面螺栓联接，拧紧力矩为（95±5）N·m。

4. 检查更换减速器润滑油

（1）减速器润滑油的检查

1）确认车辆处于水平状态，检查减速器是否有漏油痕迹，如有，分析漏油原因，修理漏油部位。

2）拆下油位螺塞（验油、放油、加油螺塞的位置如图 7-11 所示），检查油位。如润滑油与油位螺塞齐平，则说明油位正常。否则，应添加规定级别的润滑油，直到油位螺塞孔口出油为止。

（2）润滑油的更换

1）在换油前，必须停车断电，水平提升车辆。

2）检查减速器油位以及是否漏油，如有漏油，应及时予以处理。

3）拆下放油螺塞，把废油排放干净。

4）放油螺塞涂布少量密封胶（乐泰5699平面密封硅橡胶），并按规定力矩（12~18 N·m）拧紧。

5）拆下油位检查螺塞、加油螺塞。

6）按规定的型号、规定油量（加注到油位孔）加注润滑油。

7）油位螺塞、加油螺塞涂布少量密封胶，并按规定力矩拧紧。

5. 减速器常见故障与处理

（1）减速器无动力输出故障检查与排除　当整车无动力输出时，检查减速器是否损坏，按下列操作执行：

图7-11　减速器油位螺塞、加油螺塞、放油螺塞的位置

1）检查整车驱动电机是否运转正常，若运转正常，则执行第二步检查；若提示驱动电机故障，首先检查驱动电机故障的原因。

2）整车上电，将手柄挂入N位，松开制动踏板，平地推车，检查车辆是否可以移动，或将整车放置到升降台上，转动车轮，检查是否能转动。若车辆可以移动或车轮可以转动，则执行第三步检查；若车辆不能移动或车轮不能转动，则执行第四步检查。

3）分离驱动电机与减速器，检查花键是否异常磨损，若减速器输入轴花键磨损，则需将减速器返厂维修。

4）若车辆不能移动或车轮不能转动，说明减振器内部轴系卡死，减速器需返厂维修。

（2）减速器产生噪声　减速器产生异常噪声，主要原因有：润滑油不足、轴承损坏或磨损、齿轮损坏或磨损，按表7-4所列措施排除。

表7-4　减速器的故障

序　号	故障分类	处理措施
1	润滑油不足	按规定的型号和流量添加润滑油
2	轴承损坏或磨损	参考维修手册对减速器进行维修
3	齿轮损坏或磨损	参考维修手册对减速器进行维修

Project 8

项目八

电动汽车制动系统维护保养

任务一 电动汽车制动系统基本检查

学习目标

1. 掌握电动汽车制动系统的结构和各部件的作用。
2. 掌握电动汽车制动系统的检查调整方法。
3. 掌握电动汽车制动器摩擦片检查更换方法。
4. 掌握电动汽车轮胎规格知识和检查方法。

知识储备

一、电动汽车制动系统的作用和构成

1. 制动系统的作用

汽车制动系统包括行车制动装置和停车制动装置两套独立的装置,其中行车制动装置是由驾驶人用脚来操纵的,故又称为脚制动装置,停车制动装置是由驾驶人用手操纵的,故又称为手制动装置。

行车制动装置的功用是使正在行驶中的汽车减速或在最短的距离内停车,而停车制动装置的功用是使已经停在各种路面上的汽车保持不动。

2. 北汽新能源 EV200 制动系统的构成及各部件的作用

和大多数电动汽车一样,北汽新能源 EV200 制动系统为电动真空助力液压制动系统,构成如图8-1所示,主要由供能装置(如真空增压器、手制动杆等供给、调节制动所需能量以及改善介质传递状态的各种部件)、控制装置(如制动踏板等产生制动动作及效果的各种部件)、传动装置(制动主缸、轮缸等将制动力传递给制动器的各个部件)和制动器(直接阻碍汽车车轮运动或运动趋势的部件)等部分组成。

(1)行车制动器 常见的行车制动器主要有鼓式制动器和盘式制动器。

1)鼓式制动器。鼓式制动器的结构如图8-2所示,主要包括制动鼓、制动器底板、制动轮缸、制动蹄及摩擦片、回位弹簧等部

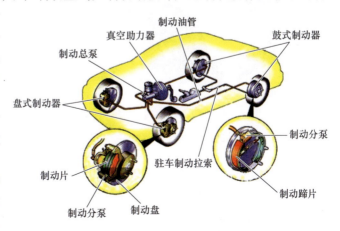

图8-1 北汽新能源 EV200 制动系统

分。制动轮缸、制动蹄及摩擦片、回位弹簧等装在制动器底板上,与车架固定,车轮装在制动鼓上。工作时主要是通过液压装置使摩擦片与随车轮转动的制动鼓内侧面发生摩擦,从而起到制动的效果。

鼓式制动器的工作原理示意图如图8-3所示,在踩下制动踏板时,踏板推杆推动制动总泵的活塞运动,进而在油路中产生压力,制动液将压力传递到车轮的制动轮缸推动活塞,活塞推动制动蹄向外运动,进而使得摩擦片与制动鼓发生摩擦,从而产生制动力。

图8-2 鼓式制动器的结构

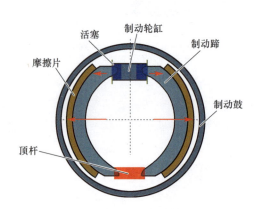

图8-3 鼓式制动器的工作原理示意图

从结构中可以看出,鼓式制动器结构简单,造价低。但是它工作在一个相对封闭的环境中,制动过程中产生的热量不易散出,频繁制动影响制动效果。

2)盘式制动器。盘式制动器也叫作碟式制动器,其结构如图8-4所示,主要由制动盘、制动钳、摩擦片、分泵和油管等部分构成。工作时通过液压系统把压力施加到制动钳上,使制动摩擦片与随车轮转动的制动盘发生摩擦,从而达到制动的目的,如图8-5所示。

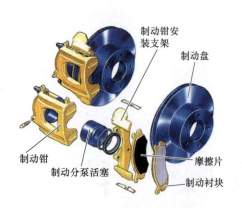

图8-4 盘式制动器的结构

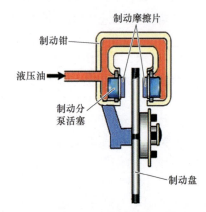

图8-5 盘式制动器的工作原理示意图

与封闭式的鼓式制动器不同的是,盘式制动器是敞开式的,制动过程中产生的热量可以很快散去,拥有很好的制动效能,现在已广泛应用于轿车上。但盘式制动器结构复杂,摩擦片面积小,使用寿命短,成本较高。

(2)驻车制动器 驻车制动器通常是指机动车辆安装的手动制动装置,俗称为驻车制动,在车辆停稳后用于稳定车辆,避免车辆在斜坡路面停车时发生溜车,协助车辆在上坡坡道顺利起步。常见的驻车制动器操纵杆一般置于驾驶人右手下垂位置,以便于操作。北汽新能源 EV160 驻车制动操纵杆如图 8-6 所示。驻车制动装置的结构如图 8-7 所示。

图 8-6 北汽新能源 EV160 驻车制动操纵杆

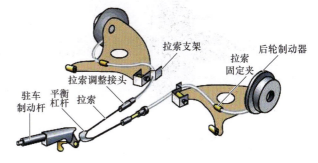

图 8-7 驻车制动装置的结构

驻车制动器内部工作元件及工作原理示意图如图 8-8 所示,当车辆停止后,驾驶人拉起驻车制动杆,带动制动拉索拉动后轮制动器内杠杆,推动制动推杆,迫使前后制动蹄紧紧压在制动鼓上,从而起到制动作用。驻车制动操纵杆在棘齿作用下锁止在制动位置保持不动。

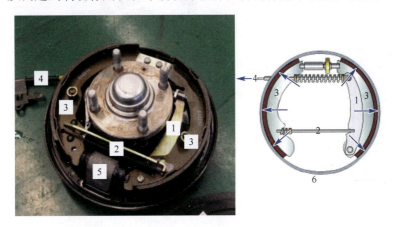

图 8-8 驻车制动器内部工作原件及工作原理示意图
1—驻车制动杠杆 2—驻车制动推杆
3—制动蹄 4—拉索 5—制动轮缸 6—制动鼓

(3) 电动真空助力系统 电动汽车制动系统大多采用电动真空制动助力系统,也称为电动真空伺服制动系统,是在人力液压制动的基础上加设一套由真空助力器总成(图 8-9)和电动真空泵(图 8-10)提供真空伺服制动力的助力装置。电动真空助力系统的工作过程为:当驾驶人起动汽车时,12V 电源接通,电子控制系统模块开始自检,如果真空罐内的真空度小于设定值,真空压力传感器输出相应电压值至控制器,此时控制器控制电动真空泵开始工作;当真空度达到设定值后,真空压力传感器输出相应电压值至控制器,控制器控制真空泵停止工作;当真空罐内的真空度因制动消耗,真空度小于设定值时,电动真空泵再次开始工作,如此循环。

真空助力器的结构如图 8-11 所示。当自然状态时(图 8-12),即驾驶人不踩制动踏板时,在阀门弹簧和回位弹簧的共同作用下,真空阀口 A 处于开启状态,而空气阀口 B 处于关闭状态,此时真空助力器的前后腔是连通的,且都与大气隔绝。车辆起动和运转时电动真空泵产生的真空会吸开真空助力器的真空阀（即真空单向阀），此时前后腔都是真空状态。

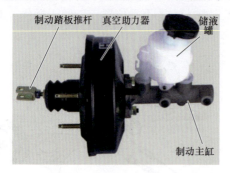

图 8-9 真空助力器总成

图 8-10 电动真空泵

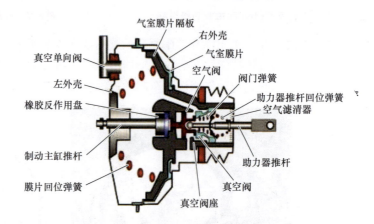

真空助力器工作原理

图 8-11 真空助力器的结构

当中间工作状态时（图 8-13），制动踏板推动推杆向前运动，真空阀口 A 关闭，将内外腔隔开，接着空气阀口 B 打开，大气进入外腔，由此产生的前后腔的压差推动膜片、膜板带着活塞外壳向前运动。装配在推杆组件里的反馈板同时受到止动底座和活塞外壳的推力作用，再通过推杆组件施加在制动总泵的活塞上，总泵产生的油压一方面传递给各分泵，另一方面又作为反作用力通过助力器传回踏板，使驾驶人产生踏板感。

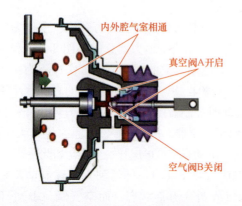

图 8-12 真空助力器处于自然状态

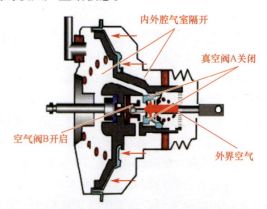

图 8-13 真空助力器处于中间状态

制动踏板的力保持不变,真空助力器处于平衡状态(图8-14),在经由反馈板传递的总泵向后的反作用力和膜片、膜板、活塞外壳、阀碗、支撑弹簧、阀圈向前运动趋势的共同作用下,空气阀口B关闭,达到平衡状态。此时,任意一点踏板行程增长都会破坏这种平衡,使空气阀口B重新打开,大气进入将进一步导致后腔原有的真空度降低,加大前后腔的压差。

松开踏板,真空助力器处于放松状态(图8-15),在阀圈弹簧的作用下,操纵杆带动止动底座向后运动,首先关闭空气阀口B,继续运动开启真空阀口A,助力器的内外腔连通,在回位弹簧的作用下,膜片、膜板、活塞外壳组件回到初始位置。

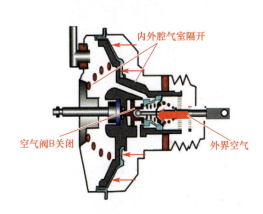

图8-14 真空助力器处于平衡状态

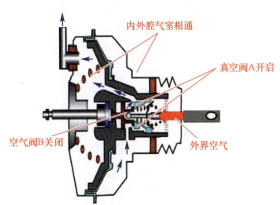

图8-15 真空助力器处于放松状态

二、电动汽车制动系统的检查调整

1. 制动系统外观检查

检查制动系统液压管道、接头处应无泄漏、破损、锈蚀。检查制动储液罐液面位置,应处在高(MAX)位、低(MIN)位刻线之间,如图8-16所示。

2. 制动踏板自由行程检查调整

踏板自由行程是为保证不发生制动拖滞、彻底解除制动而设置的。测量时在制动踏板与驾驶室底板之间立一钢直尺,用手向下按制动踏板至有阻力时,记下钢直尺读数。然后放松踏板,再看钢直尺读数。两次读数之差即为踏板自由行程,如图8-17所示。北汽新能源EV200制动的踏板自由行程应为总行程的1/3(约为15mm),当自由行程不符合要求时,可松开总泵推杆的锁紧螺母,拧动推杆,通过改变其长度进行调整。调整完毕后,再拧紧锁紧螺母。

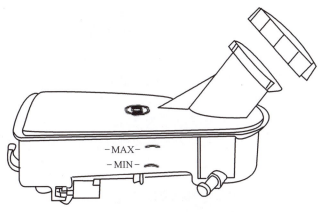

图8-16 制动液液面检查

3. 驻车制动器(俗称驻车制动)行程检查调整

正常情况下,当手柄从完全放松位置拉到整个行程70%的时候,驻车制动器即可达到正常制动力。检查时可以通过数棘轮的响声来确定(正常为6~7齿,即6~7响)。

如不正确,按以下方法调整:完全放下驻车制动操纵杆(图8-18),拆卸副仪表板骨架,松开调整螺母,如图8-19所示,踩制动踏板5~6次,然后逐步拧紧驻车制动拉索调整螺母,直到驻车制动手柄拉起6~7响时汽车后轮能可靠制动。

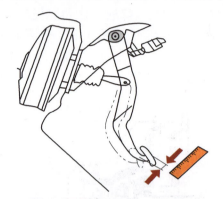
图8-17 制动踏板自由行程的检查

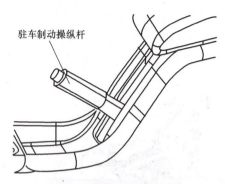
图8-18 检查驻车制动行程

4. 制动摩擦片的检查和更换

前轮盘式制动摩擦片检查:拆下汽车前轮胎,用钢直尺测量内外摩擦片的厚度,如图8-20所示,摩擦片厚度(不计背板厚度)尺寸 $a=9.2$ mm。

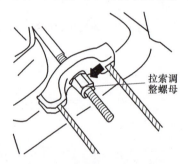
图8-19 调整驻车制动行程

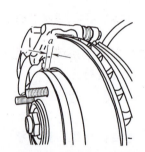
图8-20 摩擦片检测

如果摩擦片厚度(不计背板厚度)接近2.0mm,则说明制动摩擦片达到了磨损极限,必须予以更换。用卡尺在制动盘表面的中心测量制动盘厚度(图8-21)。如果制动盘磨损低于最小厚度值,则需更换制动盘。北汽新能源新款EV200制动盘直径×厚度为256mm×24mm,制动盘使用极限厚度为22mm。后部鼓式制动摩擦片厚度(不计背板厚度)$a=4.0$mm(图8-22),如果摩擦片厚度(不计背板厚度)接近1.6mm,则说明制动摩擦片达

图8-21 制动盘检测

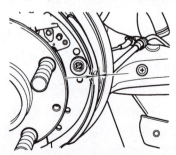
图8-22 鼓式摩擦片检测

到了磨损极限，必须予以更换。制动鼓摩擦表面如果凹槽过深，或制动鼓内圆柱呈椭圆，必须与蹄片一起更换。

三、电动真空泵、控制器检查维护

当制动装置真空助力系统存在泄漏或真空泵及其控制器损坏时，会导致制动费力，制动效果不明显，甚至制动失灵。

当检查制动系统电动真空泵及控制器时，停稳车辆后，打开点火开关，完全踩下制动踏板，然后踩踏三次，真空泵应正常起动，大约10s后真空度到达设定值，真空泵应停止运转。制动真空泵运转5min后（反复踩踏制动踏板至真空泵连续运转几次）观察真空泵应无异响、异味，真空泵控制器插接器、线束应无变形、发热现象。

在真空泵运转时，检查制动真空泵与软管连接处、制动真空罐与软管连接处是否漏气，检查各软管应无老化、扭曲及破损。

四、车轮轮胎的检查保养

1. 轮胎规格

轮胎规格常用一组数字及字母表示，如图8-23所示，其中前一个数字表示轮胎断面宽度，后一个数字表示轮辋直径，以in为单位[⊖]。例如北汽新能源EV200搭载的轮胎规格是185/65R14 86H，表示此轮胎是胎宽185mm，扁平率（轮胎断面高度与宽度的比值）65%，轮辋直径14in的子午线轮胎，86是该轮胎载重系数，最大载重530kg，H为速度等级，表明轮胎在规定条件下承载规定负荷的最高速度（H级最高速度为210km/h）。

轮胎认知

轮胎上还有一个很特别的磨损更换指示标志，如图8-24所示，轮胎外侧小三角所示位置胎面处，黑色箭头所指小凸起若与胎面平齐，则表明胎面已磨损至极限，应予更换。

图8-23　轮胎规格

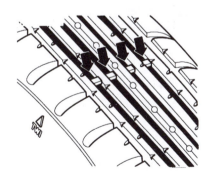

图8-24　轮胎磨损更换标记

2. 轮胎检查与调整

（1）轮胎胎面检查　检查轮胎的胎面和侧面是否有损坏和异物，检测轮胎滚动面是否有异常的磨损、切口和刺穿。对胎面破损及时修补，异物及时清理。轮胎侧面有破损时及时更换新轮胎。更换轮胎要求同轴尽量一个花纹（同品牌同花纹），新旧程度也尽量要接近，才能确保在任何时刻摩擦力都一样，保证车辆行驶平稳。

⊖　1in = 25.4mm。

（2）胎压检查　用气压表检测轮胎气压，如图8-25所示，应符合出厂技术要求。一般在车辆A柱下侧处有标签标明该车型轮胎不同负载下气压值。北汽新能源EV200气压值应调整到230kPa。

（3）轮胎花纹检查　用轮胎花纹深度尺沿轮胎一周测量若干部位，如图8-26所示，花纹最小深度应不小于1.6mm，否则更换轮胎。

图8-25　轮胎气压检测　　　　　　　　　图8-26　轮胎花纹检测

（4）轮胎换位与紧固　由于前后轮承受的摩擦方向不同，驱动轮与非驱动轮的摩擦力大小不一样，车身重量也并非均匀分布在四个轮胎上，所以四个轮胎磨损情况就有差异，规律性换位有助于保持四个轮胎的均匀磨损，延长整体寿命。一般车辆每行驶10 000km应进行一次轮胎换位。对于一般前驱轿车，轮胎换位的方法是左前轮换到左后轮，左后轮换到右前轮，右前轮换到右后轮，右后轮换到左前轮，如图8-27所示。

更换轮胎后，紧固螺栓应对角分2～3次紧固到规定转矩。北汽新能源EV200轮胎螺栓紧固力矩为（110±10）N·m。

知识拓展

ABS（Anti-lock Brake System）即防抱死制动系统。它是一种具有防滑、防锁死等优点的汽车安全控制系统，已广泛运用于汽车上。ABS主要由ECU控制单元、车轮转速传感器、制动压力调节装置和制动控制电路等部分组成，如图8-28所示。

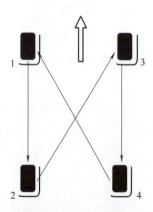 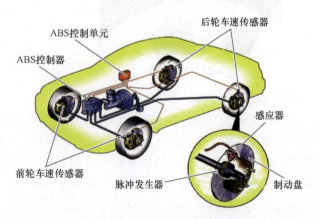

图8-27　轮胎换位　　　　　　　　　　图8-28　ABS的组成

ABS 工作原理图如图 8-29 所示，制动过程中，踩下制动踏板，ABS 控制单元不断从车轮速度传感器获取车轮的速度信号，并加以处理，进而判断车轮是否即将被抱死。ABS 制动特点是当车轮趋于抱死临界点时，制动分泵压力不随制动总泵压力增大而增大，压力在抱死临界点附近变化。

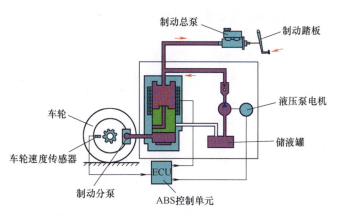

图 8-29　ABS 工作原理图

如判断车轮没有抱死，制动压力调节装置中液压泵电机不参加工作，制动力将继续增大；如判断出某个车轮即将抱死，ECU 向制动压力调节装置发出指令，关闭制动总缸与制动轮缸的通道，使制动轮的压力不再增大；如判断出车轮出现抱死拖滑状态，即向制动压力调节装置发出指令，使制动轮缸的油压降低，减小制动力。

任务二　制动液的更换

学习目标

1. 了解电动汽车制动液的作用和种类。
2. 掌握电动汽车制动液质量的检查方法。
3. 掌握电动汽车制动液检查更换的方法。
4. 掌握电动汽车制动效果检查方法。

一、制动液的作用和性能要求

1. 制动液及其作用

所有液体都有不可压缩的特性，在密封的容器中或充满液体的管路中，当液体受到压力时，便会很快地、均匀地把压力传导到液体的各个部分。汽车液压制动便是利用这个原理来进行工作的。在汽车液压制动系统中的这种液体称为制动液，又称为刹车油，是汽车液压制动系统中传递制动压力的液态介质，它的英文名为 Brake Fluid，是制动系统制动不可缺少的部分。

2. 汽车液压制动系统对制动液的要求

由于制动液直接关系着汽车的制动性能，故要求其质量高、性能好，工作时安全可靠。良好的制动液必须具备以下性能：

1）高温抗气阻性。制动液的沸点应在205℃以上，在高温下不产生气阻，在常温下吸湿水分要少。

2）制动液应有良好的运动黏度和润滑性。

3）有一定的溶水性，能将外来的少量水分完全溶解吸收，不能因为吸水产生分层和沉淀。

4）当两种制动液混合时，应能充分混溶，不产生分层和沉淀而影响使用。

5）不腐蚀金属，对制动系统橡胶零部件侵蚀作用小，保证制动系统制动灵活、工作可靠。

6）长期储存和使用时性能稳定，对其加温、冷却时化学性能无变化。

二、制动液的选用原则和质量检查

1. 制动液的选用原则

车辆使用和维修人员首先应该按照车辆使用说明书上的规定选择相应的制动液。一般应遵循以下原则：

1）选用的制动液产品类型应与车辆制造厂家规定的制动液产品类型相同。一般车辆制动液加注口附近或者加注口盖子上会有提醒。北汽新能源系列车辆推荐选用DOT4级别的制动液，如图8-30所示。

2）尽量选择正规厂家生产的、性能稳定、质量有保证的制动液产品。

3）选用的制动液产品质量等级应等于或高于车辆制造厂家规定的制动液质量等级。

4）不同类型和不同品牌的制动液严禁混合使用，对有特殊要求的制动系统，应加注特定牌号的制动液。由于不同品牌和不同类

图8-30　制动液加注口盖（北汽新能源EV系列）

型的制动液的配方不同，混合使用会造成制动液性能指标下降。即使是互溶性较好，标明能混用或可替代的品牌，使用中也可能引起故障，因此也不要长期使用。

2. 制动液的质量检测

一般来说，制动液是由乙二醇和其他各种防腐蚀的添加液组成的，新的制动液具有较高的沸点，一般在260℃左右。由于乙二醇在长期使用中会吸收空气中的水分，它的沸点就会降低。当其沸点降到只比水的沸点稍高一些的时候，制动液就会失效，造成车辆驾驶过程中制动系统失灵。制动液中只要被吸入的水分达到2.5%，就需要更换新的制动液了。通过检测制动液的含水量和沸点，即可对制动液的性能进行定性或定量分析。

维修工作中最常用的检测仪器是用于定性分析含水量的制动液检测笔，如图8-31所示。使用时拔下测试头护帽，将金属测试头放入被检测制动液中，按下测试开关，如图8-32所示，笔身上的指示灯就会亮。指示灯含义如下：0%灯绿色，其他灯不亮，表示制动液性能良好，不含水分；指示灯依次显示绿色/黄色，表明制动液中含水量低于1%，制动液性能

好，可放心使用；显示绿色/黄色/黄色，表明制动液中含水量约 2%，制动液可继续使用；显示绿色/黄色/黄色/红色，表明制动液中含水量约 3%，建议更换制动液；显示绿色/黄色/黄色/红色/红色，表明制动液中含水量至少 4%，需立刻更换制动液。

图 8-31　制动液检测笔

图 8-32　制动液的质量检测

每次测试完，要用干燥的布或者纸把测试头上的制动液擦拭干净，关闭开关，套好护帽。

三、制动液的更换

1. 制动液更换的条件

1）车辆正常行驶 40 000km 或连续使用两年，制动液由于使用时间长而变质，要注意及时更换。

2）制动液外观要求透明，无悬浮物、尘埃和沉淀物。当发现制动液有杂质或沉淀物时，应该及时更换，否则会影响制动效果，造成事故隐患。

3）车辆在正常行驶中，若出现制动忽轻忽重时，要及时更换制动液，并用酒精清洗制动系统。

4）若出现制动效能降低或制动踏板回位滞后时，要及时对制动系统进行全面检查。如发现橡胶件膨胀变形，说明制动液质量存在问题，这时应选择质量比较好的制动液予以更换，同时更换系统内橡胶件。

5）冬季时，如发现制动效果下降，则有可能是制动液的级别不适应气候，此时更换新制动液，选择在低温下黏度偏小的制动液。

2. 制动液的更换方法

更换制动液前要检查制动装置是否有泄漏和损坏，检测制动总泵、真空助力器、制动器和油管等部件应无渗漏和损坏。

制动液更换时要求旧制动液要排放干净彻底，新旧制动液不能混合，液压管路中不能进入空气，因此必须采用特殊的排放更换方法和必要的专用工具设备。所需要的专用工具和维修设备有制动液加注及排气装置、排气设备套件（或者效率更高的制动液专用加注机）、制动踏板加载装置、油管扳手等。

制动液排放加注方法如下：

1）从制动液储液罐上拧下密封盖，用制动液加注及排气装置的吸油软管从制动液储液罐中抽吸尽可能多的制动液，如图 8-33 所示。

2）将制动踏板加载装置放到驾驶人座椅和制动踏板之间，并预紧。

3）将制动液加注及排气装置的适配接头拧在制动液储液罐上，将制动液加注及排气装置的加注软管连接在适配接头上，并起动装置，如图 8-34 所示。

图 8-33　抽吸旧制动液

图 8-34　制动液加注

4）拔下左前制动钳排气螺栓上的盖罩，将制动液收集瓶上的排气软管牢固地固定在排气螺栓上，以免空气进入制动装置内。用油管扳手旋松排气螺栓，然后放出制动液，如图 8-35 所示。

5）拧上排气螺栓。

6）在汽车右前制动钳上重复此工作步骤。

7）拆下两个后车轮以便触及排气螺栓。

8）在汽车两后轮上重复 3）~5）工作步骤。

9）拧下制动液储液罐的适配接头。检测制动液液位，将其调整在位置"MAX"和"MIN"两条刻线之间，如图 8-16 所示。

10）拧上制动液储液罐的密封盖，拆下制动踏板加载装置，重新安装后车轮，完成制动液更换。

也可采用专用制动液更换机，如图 8-36 所示，可提高更换质量和效率，不同型号机器使用方法详见各自使用说明书。

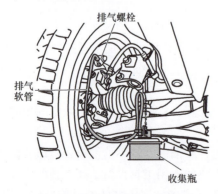

图 8-35　排放制动轮缸制动液

图 8-36　BX-300T 制动液更换机

3. 制动液更换注意事项

1）北汽新能源系列汽车必须使用 DOT4 的制动液，不得和其他等级制动液混用。

2）制动液有毒有腐蚀性，因此不允许与皮肤、车辆油漆及其他零件表面接触。如果制动液溢出，要用大量的清水冲洗。

3）制动液具有吸湿性，会从周围环境中吸取水分，因此必须保存在密闭容器中。

4）注意遵守废弃物处理规定，合理收集和处置排放的废旧制动液。

5）制动液更换完成后，检测踏板压力和制动踏板的自由行程，自由行程应为踏板行程最大值的1/3。目测制动液位符合要求，制动装置无泄漏和安装损坏，液压软管无扭转，液压软管和车轮无摩擦。

四、汽车制动效果的检测

更换完制动摩擦片或者制动液的汽车，一般要进行路试，以检验制动效果，保证制动系统安全可靠。路试选择平坦干燥的水泥路面或柏油路面进行，距离不小于150m。测试时首先在低速时检查制动效果，如果制动跑偏或有故障显现的状况，故障未排除不可继续道路测试。试车中应遵守交通规则，不允许野蛮驾驶，避免在交通繁忙时进行，可能对交通造成不便或危及其他道路使用者的安全。

当低速制动效果良好时，再根据 GB 12676—2014《商用车辆和挂车制动系统技术要求及试验方法》和 GB/T 13594—2003《机动车和挂车防抱制动性能和试验方法》规定，车辆加速到50km/h，迅速踩死制动踏板，从开始踩踏板到车辆完全停止，制动距离不得大于19m。在制动过程中，转向盘应操纵轻便灵活，车辆不得有偏斜现象。

制动液的基本知识

一、制动液的类型

制动液根据成分分类，可主要分为三种：蓖麻油-醇型、矿物油型和合成型。其中醇型与矿物油型已经淘汰，目前市面上的制动液主要为合成型。

（1）蓖麻油-醇型　通过精制的蓖麻油混合低碳醇（乙醇或丁醇）调配而成，经过沉淀获得无色或浅黄色的清澈透明液体，即醇型制动液。

（2）矿物油型　用精制的轻柴油经过馏分后加入稠化剂和其他添加剂调配而成。

（3）合成型　合成型即用醚、醇、酯等加入润滑、抗氧化、防锈、抗橡胶溶胀等添加剂制成。

合成型为人工合成的制动液，是由聚醚、水溶性聚酯和硅油等为主体，加入润滑剂和添加剂组成。其使用性能良好，工作温度高达200℃以上。它对橡胶和金属的腐蚀作用均很小，适合于高速、大功率、重负荷和制动频繁的汽车使用，因此成为目前使用最多最广泛的一种制动液。合成型制动液又分为醇醚型、酯型和硅油型三大类型，但使用最多的是醇醚型和酯型。

二、制动液的质量分级

1. 国外制动液的质量等级

根据美国石油协会规定，制动液分为 DOT3、DOT4 和 DOT5 三种质量级别，如图 8-37 所示。国际上一般车用制动液都是以 DOT 为分类标准，其数字越大，级别越高。DOT3 和 DOT4 级制动液是非矿物油系，是以聚二醇为基础和乙二醇及乙二醇衍生物为主的醇醚型合成制动液,再加润滑剂、稀释剂、防锈剂和橡胶抑制剂等调和而成,也是各国汽车所用最普遍的一种制动液。

a)

b)

c)

图 8-37　常用制动液

a) DOT3　b) DOT4　c) DOT5

(1) DOT3 一般为醇醚型　醇醚型的化学成分为低聚乙二醇或 MPG。低聚乙二醇或 MPG 具有较强的亲水性,所以在使用或储存的过程中其含水量会逐渐增高。由于制动液的沸点会随着水分含量的增高而降低,所以其制动性能会随含水量增加而下降,所以制动液一般每两年需要更换一次。

(2) DOT4 一般为酯型　酯型则是在醇醚型的基础上添加大量的硼酸酯。硼酸酯是由低聚乙二醇或 MPG 通过和硼酸的酯化反应而成的。硼酸酯的沸点比低聚乙二醇或 MPG 更高,所以其制动性能更好。硼酸酯还具有较强的抗湿能力,它能分解所吸收的水分,从而减缓了由于吸水而导致的沸点下降。所以酯型制动液性能比醇醚型更好,价格也更高。

(3) DOT5 一般为硅油型　硅油型的化学成分为聚二甲基硅氧烷。它的沸点在这三类中是最高的,所以价格也最贵。其采用高成本的硅油基础油提炼而成,其抗高温和不易吸水的能力都比较强,可以承受比较强的制动力,DOT5.1 一般为专业赛车用或军事用途,市场上基本没有售卖。但硅油成分对制动系统内的活塞油封、制动油管等会产生腐蚀,造成制动液渗漏,导致制动系统无法工作。这种制动液的成分与通用的制动液完全不同,是完全不亲水的,并且对 ABS 是完全不兼容的,该标号的制动液只作为特殊用途,故普通汽车市场上同样也没有售卖。

2. 我国制动液的质量等级

2012 年 5 月 11 日我国颁布了国家标准 GB 12981—2012《机动车辆制动液》。按使用工况温度和黏度要求的不同将合成制动液分为 HZY3、HZY4、HZY5、HZY6 四个级别。序号越大,其平衡回流沸点越高,高温抗气阻性越强,行车制动安全性越好。

HZY3 级制动液具有优良的低温流动性能和良好的抗高温气阻性能,相当于 ISO4925(国际标准)和 DOT3(美国车辆安全标准)水平,能满足国产轿车、微型车和进口货车的使用要求。

HZY4 级制动液具有良好的低温流动性能和优良的抗高温气阻性能,相当于 DOT4 水平,能满足新型高级轿车的使用要求。

HZY5、HZY6 级制动液具有良好的低温流动性能和优异的抗高温气阻性能，相当于 DOT5.1 水平，仅供有特殊要求的车辆，目前市面上很少见。

我国汽车制动液级别与国外汽车制动液级别的对应关系见表 8-1。

表 8-1 我国汽车制动液级别与国外汽车制动液级别的对应关系

序号	质量标准	质量级别				
		醇醚型	硼酸酯型	硼酸酯型	硅油型	硼酸酯型
1	美国 FMVSS No.116	DOT3	DOT4	DOT5.1	DOT5	—
2	日本 JIS K 2233	BF-3	BF-4	BF-5	—	BF-6
3	中国 GB 12981—2012	HZY3	HZY4	HZY5	—	HZY6

Project 9
项目九
电动助力转向系统维护保养

任务 电动助力转向系统基本检查

学习目标

1. 了解转向系统的结构及基本工作原理。
2. 熟悉转向系统的控制策略。
3. 掌握助力转向功能和转向横拉杆状态的检查方法。
4. 掌握电子助力转向基本故障的处理方法。

知识储备

一、电动汽车转向系统的结构及基本原理

1. 汽车转向系统的作用

汽车转向系统是指由汽车驾驶人操纵实现转向轮偏转和回位的机构,能够按照驾驶人的意图改变汽车行驶方向和保持汽车稳定的直线行驶。它由转向盘、转向轴、机械转向器、横拉杆、转向节、转向节臂和转向轮等构成,如图9-1所示。

为保证驾驶过程中转向轻松准确,现代汽车大多采用电动助力转向装置或者液压助力转向装置。在排量小于1.8L的轿车上绝大多数采用电动助力转向系统(EPS,Electric Power Steering)。电动汽车采用EPS,通过电机驱动转向机来实现助力转向作用。其基本构造如图9-2所示,主要由转向盘、助力转向电机、转向器、转向横拉杆等机械装置和转向转矩传感器、转向ECU、车轮轮速传感器等电子元件组成。

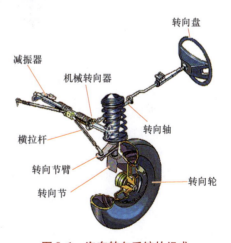

图9-1 汽车转向系统的组成

2. 北汽新能源EPS的结构组成和工作原理

北汽新能源系列电动汽车的EPS组成如图9-3所示。转向控制器根据各传感器输出的信号计算所需的转向助力,并通过功率放大模块控制助力电机的转动,电机的输出经过减速机构减速增扭后驱动齿轮齿条机构产生相应的转向助力。

1)电机总成的结构及电机控制原理。EPS使用的电机分为两种:有刷电机和无刷电机。安装在转向器上的电机总成由一个蜗杆、一个蜗轮和一个直流电机组成。当蜗杆与安装在转向器输出轴上的蜗轮啮合时,它降低电机速度并把电机输出力矩传递到输出轴上。

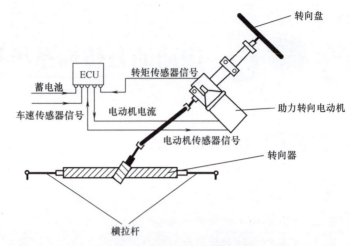

转向系统结构介绍

图 9-2 EPS 结构原理示意图

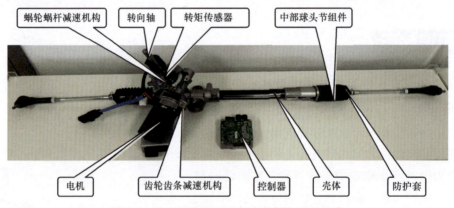

图 9-3 北汽新能源系列电动汽车的 EPS 组成

2）转矩传感器的结构及控制原理。转矩传感器由扭力原件（扭力弹簧）和电测元件组成，由两个带孔圆环、线圈、线圈盒及电路板组成。它获得转向盘上操作力大小和方向信号，并把它们转换为电信号，传递到 EPS 控制器。

3）蜗轮蜗杆减速机构的结构及工作原理。蜗杆传动由蜗杆、蜗轮组成。蜗轮和蜗杆两轴交错角为 90°。助力电机电路接通后，电机轴与蜗杆连成整体同步转动，驱动蜗轮减速旋转，减速增扭后的蜗轮齿轮驱动转向齿条移动，拉动转向横拉杆起到转向助力作用。

二、EPS 的控制策略

北汽新能源 EV200/160 EPS 电气原理图如图 9-4 所示，其控制策略如下：

1）当点火开关处于 ON 档，ON 档继电器吸合后 EPS 开始工作。

2）当 EPS 正常工作时，EPS 根据接收来自 VCU 的车速信号及来自转

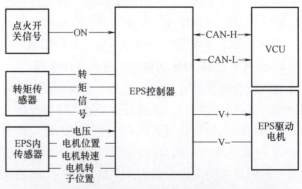

图 9-4 北汽新能源 EV 200/160 EPS 电气原理图

矩传感器的转矩信号等进行综合判断，以控制 EPS 助力电动机的转矩、转速和方向。

3）转向控制器在上电 200ms 内完成自检，上电 200ms 后可以与 CAN 线交换信息，上电 300ms 后输出 470 帧（转向故障和转向状态上报帧）。

4）当 EPS 检测到故障时，通过 CAN 总线或硬线向 VCU 发送故障信息，并采取相应的处理措施。

电动式 EPS 的助力作用受 ECU 控制，在低速转向时的助力作用最强，随着车速的升高助力作用逐渐减弱，当车速达到一定时 ECU 停止向电动机供电，转向变为完全由驾驶人人力操纵。由此可见，电动式 EPS 在低速转向时，可获得较轻便的转向特性，而在高速转向时，则可获得完全的转向"路感"，具有优越的控制特性，保证车辆行驶的安全。

三、转向系统基本检查

1. 转向盘检查

车辆固定在平坦坚实的地面，车轮朝向正前方，依次检查如下：

1）前后左右晃动检查转向盘旷动情况，如图 9-5 所示，检查是否松动或发生"吱吱"声。如果发现缺陷，维修或更换。

2）检查转向盘的自由间隙。转向盘自由间隙是指用较小的力量轻轻左右转动转向盘但不使车轮发生偏转，转向盘所能转过的角度。其范围为 10°~15°或者 0~30mm，如图 9-6 所示。

图 9-5　转向盘旷动检查

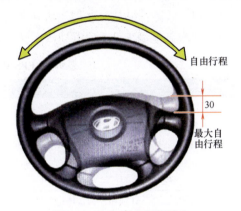

图 9-6　方向自由间隙检查

如果转向盘运动不在规定自由间隙的范围内，检查以下部位，如果发现缺陷，及时更换：

1）转向横拉杆球头是否磨损。
2）下部球接头是否磨损。
3）转向轴接头是否磨损。
4）转向小齿轮或齿轮齿条是否磨损或破裂。
5）其他部件是否松动。

2. 转向力的检查方法和步骤

1）汽车停放在水平路面上，转向盘放置在平直向前位置。
2）检查轮胎充气压力是否符合指定要求。
3）起动车辆。
4）将点火开关置于 ON 档时，从相切方向用弹簧秤钩住转向盘，匀速拉动方向测量转向力。转向力至少 35N。

3. 转向助力功能检查

1）在道路试车过程中，通过原地转向、低速行驶中转向，检测转向时方向是否有沉重，助力效果不足等故障。

2）将转向盘分别向左右打至极限位置，检测是否有转向盘抖动、转向机异响等故障。

4. 转向横拉杆状态的检查

转向横拉杆球头的间隙、紧固程度及防尘套状态检查如图 9-7 所示，按照下列步骤进行作业：

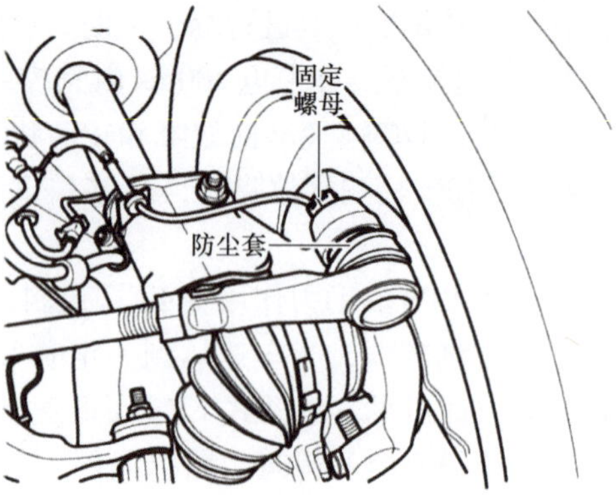

1）举升车辆（车轮悬空），通过摆动车轮和转向横拉杆来检查间隙。

2）检查转向横拉杆球头的固定螺母是否牢固。

3）检查转向横拉杆的防尘套有无损坏和安装位置是否正确。

图 9-7 转向横拉杆球头的间隙、紧固程度及防尘套状态检查

四、EPS 常见故障排除方法

1）EPS 发生故障后，根据图 9-8 所示流程图进行排除。

2）EPS 故障诊断排除步骤与方法见表 9-1。

3）北汽新能源 EV 系列电动汽车转向系统常见的故障排除方法见表 9-2。

表 9-1　EPS 故障诊断排除步骤与方法

步骤	操作	是	否
1	主熔丝和线路熔丝是否完好	进入第 2 步	主熔丝和线路熔丝断
2	1. 打开点火开关 2. 检查终端"D8"和控制盒体搭铁之间的电压 3. 是电池电压吗？	进入第 3 步	整车信号线断开或短路
3	检查终端"A1"和控制盒体搭铁之间的电压	进入第 4 步	整车电源线断开或短路
4	整车无助力可以行驶	进入第 5 步	CAN 通信不畅
5	插头与 EPS 控制盒之间连接是否牢靠	如果上述各项都 OK，更换一个良好的 EPS 控制盒，重新检查	搭铁不良

表 9-2　北汽新能源 EV 系列电动汽车转向系统常见的故障排除方法

故障现象	可能的原因	修理方法
1. 转向沉重	1）插接件未插好 2）线束接触不良或破损 3）转向盘安装不正确（扭曲） 4）转矩传感器性能不良 5）转向器故障 6）车速传感器性能不良	1）插好插头 2）更换线束 3）正确安装转向盘 4）更换转向器 5）更换转向器 6）更换车速传感器

(续)

故障现象	可能的原因	修理方法
2. 在直行时车总是偏向一侧	转矩传感器性能不良	更换转向器
3. 转向力不平顺	转矩传感器性能不良	更换转向器

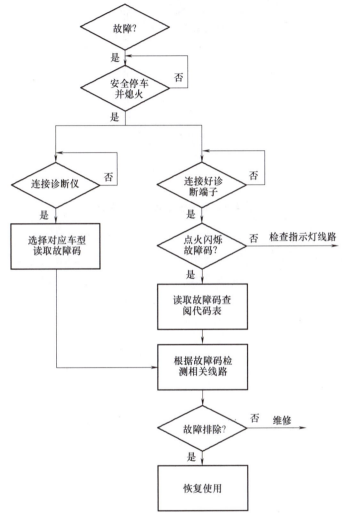

图 9-8　EPS 故障排除流程图

 知识拓展

电子液压助力转向系统

电子液压助力转向系统是在机械液压助力的基础上进行改进的，研发出更节省能耗的电子液压助力转向系统。该系统是将转向油泵替换成电机驱动，不再由发动机直接驱动了，并在此基础上加装了电控系统，让转向辅助力的大小不但与转向角度有关，还与车速有关。

电子液压助力转向系统包括车速传感器、电动液压泵、电磁阀、动力转向ECU、动力转向器和转向助力传感器等，如图9-9所示。

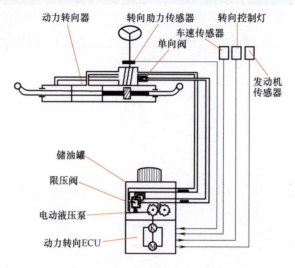

图9-9　电子液压助力转向系统

电子液压助力转向系统拥有了机械液压助力的部分优点，还具有降低能耗、反应更灵敏的特点，同时，转向助力大小也能根据转角、车速等参数自行调节，更加的人性化。缺点是引入了很多电子单元后，在制造、维修成本上大大提高了，使用稳定性也不如机械液压式的牢靠，不过随着技术的不断成熟，当前的这些缺点也将慢慢地被克服，电子液压助力转向系统也慢慢被引入到很多家用轿车上。

Project 10
项目十
电动汽车车身电器设备维护保养

任务一 车身电器设备维护保养

1. 了解电动汽车车身电器的组成和各部件的作用。
2. 掌握电动汽车辅助蓄电池的检查方法。
3. 掌握电动汽车车辆仪表指示灯的检查方法。
4. 掌握电动汽车灯光的检查方法。
5. 掌握电动汽车电动车窗和后视镜的检查方法。
6. 掌握电动汽车机舱线束及插接件的检查方法。

一、电动汽车车身电器设备的认知

汽车车身电器设备指为提高汽车驾驶和乘坐的安全性、经济型、舒适性、娱乐性而在汽车上采用的低压电器设备。

1. 电动汽车车身电器的组成及作用

电动汽车车身电器一般包含以下四个部分：

(1) 低压电源　低压电源即蓄电池，为其他车身电器设备提供安全电能。

(2) 低压用电设备　低压用电设备包括照明设备，如前照灯、门灯等，为车辆提供车内外照明；报警与信号装置，如转向灯、喇叭等，为行人车辆提供安全警报信号；仪表与监测系统，如里程表、电量表和温度表等，实时检测和报告汽车运行情况；舒适娱乐装置，如收音机、电动门窗和电动刮水器等，提高汽车驾驶和乘坐的舒适性。

(3) 电子控制设备　由微机控制的各个系统，如 VCU、ABS、EPS、BMS、自动座椅、安全气囊、定速巡航系统等，进一步提升汽车驾驶的安全可靠性。

(4) 配电设备　配电设备包括中央接线盒、熔丝盒、开关、继电器、插接器和导线等，为汽车电器安全运行、操作和维修提供方便。

2. 电动汽车车身电器的特点

(1) 直流　目前汽车车身电器工作大多数采用直流电驱动。

(2) 低压　汽车用电设备的额定电压有 12V、24V 两种。电动小汽车普遍采用 12V 直流电源。

(3) 负极搭铁　将蓄电池的负极接到车架上，称为"负极搭铁"。负极搭铁充分利用了车身金属导电特性。

（4）单线制　电源到用电设备只用一根导线连接，节省导线、线路清晰、安装检修方便，用电设备不需与车体绝缘。

二、电动汽车低压铅酸蓄电池的结构和维护

1. 蓄电池的作用和结构

电动汽车铅酸蓄电池作为低压电源，为车身电器和 BMS 提供电能。电压不足时由动力蓄电池通过 DC/DC 装置补充电能。

北汽新能源 EV 系列电动汽车采用免维护铅酸蓄电池，安装在前机舱内，如图 10-1 所示，一般由六个单格电池串联而成，由极板、隔板、电解液、外壳、极桩及电量观察口组成，如图 10-2 所示。

图 10-1　北汽新能源 EV200 蓄电池的安装

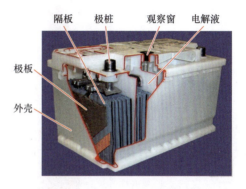

图 10-2　蓄电池的构造

2. 蓄电池的检查和维护

（1）蓄电池外观检查　检查蓄电池外观有无破损、电解液有无泄漏；检查蓄电池极桩是否氧化，如氧化，用砂纸打磨清理干净；检查正负极电缆夹是否松动，若松动予以紧固；检查蓄电池电量观察窗口是否为绿色，若不是，用万用表检查电池电压是否正常（大于 12V）。

辅助蓄电池静态放电电流测试

（2）放电电流测试　如果出现以下情况：①已充电的蓄电池在短时间内亏电；②车辆行驶一定里程后蓄电池亏电；③当车辆起动时，仪表闪烁；④车辆停放一夜或几天后不能正常起动，需对蓄电池进行放电电流测试。放电电流测试的步骤如下：

1）将点火开关置于 OFF 档，关闭车门及所有用电设备。

2）确认车内所有用电设备处于关闭状态。

3）拆掉蓄电池负极侧接柱线束。

4）万用表一表笔接于蓄电池负极极柱，另一表笔接于蓄电池负极线。这时万用表会显示一个电流，电流的大小会随着时间的延长而变化。

5）1min 后电流会下降到最小值，读取该数值。该电流正常值应小于 30mA，若大于该值，说明车辆用电设备有漏电处，应予以排除。

（3）蓄电池拆卸和更换　若蓄电池使用时间超过三年，出现无法充电现象，应予以更换。当拆卸蓄电池时，先拆下负极电缆，安装时先装上正极。当拆卸或安装蓄电池时，应确保车辆点火开关处于关闭状态，否则可能导致电动汽车上电子元器件的损坏。

三、电动汽车仪表的检查

1. 仪表盘认识

北汽新能源 EV160 的仪表显示见表 2-3，能实时显示功率、数字车速、瞬时电耗、倒车雷达、动力蓄电池电压、动力蓄电池电流、驱动电机转速、平均电耗、保养里程、车外温度等 20 多项信息，让驾驶人员及时获取车辆状况。

各个指示灯显示符号含义见表 10-1。

表 10-1 各个指示灯显示符号含义

序号	名 称	显示位置	符 号	颜色	显示文字	点 亮 条 件	建议处理方式
1	安全带未系	表盘		红色	请系安全带	当车辆处于 ON 状态，驾驶人安全带未系，或者乘客安全带未系	请系好安全带
2	安全气囊	表盘		红色		当车辆处于 ON 状态，且安全气囊发生故障时	
3	车身防盗	表盘		红色		车身防盗开启后	
4	蓄电池警告灯	显示屏		红色	蓄电池故障	蓄电池电压高/低故障或 DC/DC 故障	
5	门开报警	表盘		红色		驾驶人门/乘客门/行李箱任意门打开时	
6	ABS	表盘		黄色		当车辆 ABS 发生故障时	
7	前雾灯	表盘		绿色		前雾灯打开	
8	后雾灯	表盘		黄色		后雾灯打开	
9	前照灯远光	表盘		蓝色		远光灯打开	
10	左转向	表盘		绿色		左转向打开	
11	右转向	表盘		绿色		右转向打开	

（续）

序号	名称	显示位置	符号	颜色	显示文字	点亮条件	建议处理方式
12	EBD（电子制动力分配）	表盘		红色	EBD 故障	当车辆 EBD 发生故障时	
	制动液液位				请添加制动液	当车辆制动液液位低时	添加制动液
13	制动系统故障	表盘		红色	制动系统故障	当车辆制动系统发生故障时	
14	驻车制动	表盘		红色		当驻车制动拉起时	
15	充电提示灯	显示屏		黄色	请尽快进行充电	充电提醒：电量少于30%，指示灯点亮，在电量低于5%，提示"请尽快充电"	
16	系统故障	显示屏		红色		当仪表与整车失去通信时，指示灯持续闪烁；当车辆出现一级故障时，指示灯持续点亮	
				黄色		当车辆出现二级故障时，指示灯持续点亮	
17	充电连接灯	表盘		红色	请连接充电枪	当充电枪线缆接触不好时，显示"请连接充电枪"	
18	READY 指示灯	显示屏		绿色		当车辆准备就绪时	
19	跛行指示灯	显示屏		红色	车辆进入跛行状态	当加速踏板故障时	
20	EPS 故障	显示屏		黄色	EPS 故障	当 EPS 发生故障时	
21	档位故障	显示屏				档位故障触发后，当前档位持续闪烁	
22	电机冷却液温度过高	显示屏		红色	电机冷却液温度过高	当电机或电机控制器温度过高而引起的冷却液温度过高时	

105

(续)

序号	名称	显示位置	符号	颜色	显示文字	点亮条件	建议处理方式
23	电机转速过高	文字提示区域	—	—	电机转速过高	当电机转速过高时	
24	请尽快离开车内	文字提示区域	—	—	请尽快离开车内	当遇到电池严重故障时	
25	动力蓄电池断开	显示屏		黄色		当车辆动力蓄电池断开时	
26	动力蓄电池故障	显示屏		红色	动力蓄电池故障	当车辆动力蓄电池发生故障时	
27	示廓灯	表盘		绿色		当示廓灯打开时	
28	绝缘故障	文字提示区域	—	—	绝缘故障	当车辆发生绝缘系统故障时	
29	驱动电机系统故障	文字提示区	—	—	驱动电机系统故障	当车辆驱动电机系统发生故障时	
30	车身控制模块故障	文字提示区	—	—	车身控制模块故障	当车辆车身控制模块发生故障时	

2. 检查电动汽车仪表

1）检查电动汽车仪表屏幕表面有无划痕、开裂和缩痕。

2）将点火开关转动至 ON 档，检查控制系统自检功能是否正常，有无故障灯点亮，其次起动车辆后 READY 指示灯点亮，除驻车制动警告灯、安全带未系指示灯点亮，其他故障指示灯均不能点亮，如图 10-3 所示，仪表显示电量不低于总电量的 25％。

图 10-3 起动后仪表板正常显示

3）踩下制动踏板，转动换档旋钮，旋钮在每个档位间有明显的过渡感，仪表显示相应的符号正确，换档旋钮位置居中，换档平顺无卡滞；当换档旋钮在倒档位置时，检查倒车雷达、倒车影像是否正常工作。

4）驻车制动拉起总行程 2/3 处实现驻车制动，仪表显示制动灯亮，松开驻车制动仪表灯熄灭。

四、汽车照明及信号灯光检查

1. 检查外部照明或信号灯光

检查外部照明或信号灯光需要旋转灯光组合开关，如图 10-4 所示，检查远光灯、近光灯、前雾灯、示宽灯、牌照灯、转向灯、倒车灯、制动灯、后雾灯、紧急警告灯工作是否正常，检查仪表是否显示相应标识，检查组合开关各转换档间有无明显阻尼感。

2. 近光灯、仪表灯调整

近光灯亮度调节旋钮、仪表灯亮度调节旋钮处于仪表台左下方，如图 10-5 所示。当开启近光灯时调整灯光高低旋钮，检查有无执行电机转动声音，判断工作是否正常；示宽灯开启后分别旋转仪表灯灯光亮度调节旋钮，检查仪表屏幕的亮度应有明显变化。

图 10-4　灯光组合开关

图 10-5　前照灯灯光和仪表灯灯光调节

五、电动车窗和电动外后视镜检查

检查电动车窗开关、后视镜调整开关（图 10-6）功能是否正常；检查各门窗玻璃升降器工作是否正常，有无异响、卡滞现象；检查左右外后视镜各方向调节功能是否正常，调节过程中有无异响、卡滞现象；检查后视镜折叠功能、除霜功能是否正常。

图 10-6　电动车窗开关和后视镜调整开关

电气线束检查

六、插接件、线束检查

检查各线束有无破损、固定点是否松动、各搭铁点连接是否牢靠、有无生锈松动现象,若有及时处理;检查各线束工作过程中有无过热现象,若有,查明原因检查各插接器卡扣有无损坏、松动现象,有无退针现象,如有及时更换。

任务二 风窗玻璃清洗系统维护保养

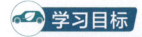

1. 了解风窗玻璃清洗系统的构造和功用。
2. 知道洗涤液的作用及车辆对其防冻温度的要求。
3. 掌握风窗玻璃清洗系统的基本检查和维护方法。
4. 掌握玻璃水冰点测试仪的使用方法。

一、风窗玻璃清洗系统的构造与保养

1. 风窗玻璃清洗系统的组成

风窗玻璃清洗系统(图10-7)主要由储液罐(含喷水泵)、管道、喷淋头、前后电动刮水器和控制开关等组成,其功能是清洗风窗玻璃上的尘土和脏物。

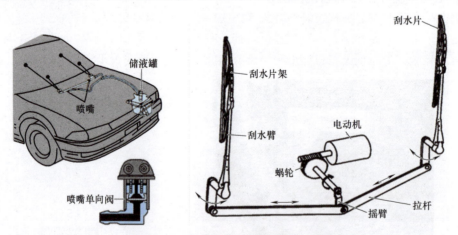

图 10-7 风窗玻璃清洗系统及刮水器

2. 风窗玻璃清洗系统的检查与调整

1)检查清洗系统的管路连接情况,如有松动或脱落,应予安装并固定好;塑料管路若

有老化、折断或破裂，应予更换。

2）洗涤液应按原车要求选用，若使用普通洗涤剂、清洁剂配制的洗涤液，在进入冬季时，应予以清除，以防冻裂储液罐和塑料管路。

3）按动喷液开关，检查各喷嘴喷水情况是否良好，调整喷嘴应将洗涤液喷射到风窗玻璃上的适当位置，如图10-8所示。

图10-8　洗涤液喷射位置

4）检查洗涤器喷嘴，脏污时可用干净的毛刷清洗喷嘴，喷嘴喷射角度不合适时应进行调整，北汽新能源EV160车型只能调整后窗喷嘴角度，如图10-9所示。

5）旋转刮水器组合开关（图10-10），检查前后刮水器各档动作快慢情况是否正常，前后刮水器刮水片运行区域是否正常，关闭开关后自动回位功能是否正常。

6）每6个月或1万km，检查疏通清洗液管路，检查更换刮水片。

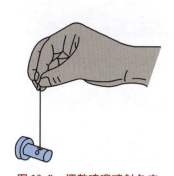

图10-9　调整喷嘴喷射角度

图10-10　刮水器组合开关

二、洗涤液的检查和添加

1. 洗涤液的功能

风窗玻璃洗涤液俗称玻璃水，主要由水、酒精、乙二醇、缓蚀剂及多种表面活性剂组成。玻璃水具有以下功能：

（1）清洗功能　洗涤液中表面活性剂可通过润湿、渗透和增溶等作用，达到清洗去污的目的。夏季常用的清洗液里还增加了除虫胶成分，可以快速清除撞在风窗玻璃上的飞虫残留物。

（2）防冻功能　洗涤液中的乙醇、乙二醇能显著降低溶液的冰点，很快溶解冰霜，可防止喷嘴、储液罐和连接软管冻结。一般要求洗涤液保证在最低约-25℃（在某些气候恶劣的国家和地区约为-35℃）时不会冻结。

（3）防雾功能　洗涤液中的表面活性剂在玻璃表面会形成一层单分子保护层，这层保护膜能防止形成雾滴，保证风窗玻璃清澈透明，视野清晰。

（4）抗静电功能　洗涤液中的表面活性剂可以中和电荷，增强玻璃表面的导电作用，消除玻璃表面的电荷，防止静电吸附作用发生。

（5）润滑功能　洗涤液中含有乙二醇，黏度较大，可以起润滑作用，减少刮水器与玻璃之间的摩擦，防止产生划痕。

（6）防腐蚀功能　洗涤液中含有多种缓蚀剂，不含金属离子，对汽车面漆、橡胶和各种金属没有任何腐蚀作用。

2. 洗涤液的加注标准

1）洗涤液应加注到储液罐（图10-11）标有 MAX 处。风窗洗涤液储液罐为前风窗玻璃和后风窗玻璃提供洗涤液，风窗洗涤液的溢出有可能造成车身部件的褪色。请注意避免溢出，尤其是当使用未掺水、高浓度的洗涤液时。如果发生溢出，立即用水清洗污染的表面。

图 10-11　洗涤液储液罐

2）北汽新能源系列电动汽车要求只使用可全年使用的汽车洗涤液浓缩液。

3. 洗涤液冰点的测量

洗涤液的冰点指洗涤液的结冰温度。冰点高低直接影响洗涤液冬季的使用性能。洗涤液的冰点用冰点测试仪（图10-12）检测。

使用时，用柔软的绒布将盖板及棱镜表面擦拭干净。将待测液体用吸管滴于棱镜表面，合上盖板轻轻按压，将冰点测试仪对向明亮处，旋转目镜使视场内刻度线清晰。读出明暗分界线在标示板上相应标尺上的数值即可，该数值约为 -33℃，如图10-13 所示。

图 10-12　冰点测试仪

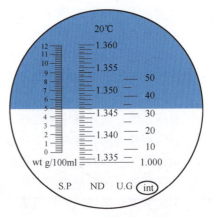

图 10-13　冰点测试仪的读数

Project 11
项目十一
电动汽车空调系统维护保养

任务一　空调系统基本检查

学习目标

1. 掌握电动汽车空调系统的作用和结构组成。
2. 了解电动汽车空调系统的工作原理。
3. 掌握北汽新能源 EV200/160 车型空调的使用方法。
4. 掌握空调系统的基本检查和维护方法。

知识储备

一、电动汽车空调系统的作用和构成

1. 空调系统的作用

空调系统的主要功能是为驾驶人和乘客创造一个舒适的乘坐环境，其功能主要体现在以下几个方面：

1）空调系统能控制车厢内的气温，既能加热空气，也能冷却空气，以便把车厢内温度控制到舒适的水平。

2）空调系统能够排出空气中的湿气，以营造更舒适的环境。

3）空调系统可吸入新风，具有通风功能。

4）空调系统可过滤空气，排除空气中的灰尘和花粉。

5）空调系统还有去除前风窗雾气的功能，保证驾驶人视线良好。

2. 电动汽车空调系统的构成及各部件的作用

现代汽车空调系统由制冷系统、供暖系统、通风和空气净化装置及控制系统组成。纯电动汽车没有发动机作为空调压缩机的动力源，也没有发动机余热可以利用，以达到取暖、除霜的效果，所以，电动汽车空调系统与传统汽车空调系统在系统构成上存在着差别。电动汽车空调系统一般结构如图 11-1 所示，主要由电动压缩机、冷凝器、制冷剂管道、加热器单元、送风电机、空调空气滤

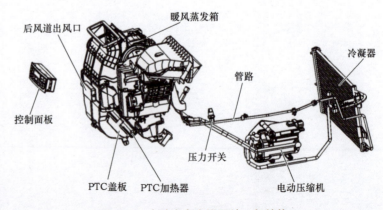

图 11-1　电动汽车空调系统一般结构

清器、膨胀阀、蒸发器和控制面板等组成。汽车空调管路系统以压缩机为界，分高压管路和低压管路。

低压管路，从膨胀阀出口至压缩机入口，沿程有蒸发器、低压管道、低压加注口；高压管路，从压缩机出口至节流阀入口，沿程有压缩机、高压管道、冷凝器、干燥器、高压加注口以及高低压开关、节流阀等。

（1）电动压缩机的作用及工作原理　压缩机的作用是把低温、低压气态的制冷剂吸入压缩成高温、高压液态制冷剂。图 11-2 所示为北汽新能源 EV200 电动汽车空调压缩机的基本构造。图 11-3 所示为压缩机在车上的安装位置。

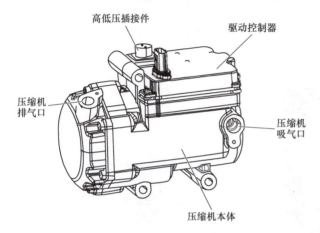
图 11-2　北汽新能源 EV200 电动汽车空调压缩机的基本构造

图 11-3　压缩机在车上的安装位置

电动变频压缩机包含一对螺旋线缠绕的静盘和动盘、无刷电动机、油挡板和电动机轴。工作时由无刷电动机带动动盘旋转，通过动盘、静盘的相互旋转配合，压缩处在动盘和静盘间的制冷剂，完成吸气、压缩和排气的过程，如图 11-4 所示。

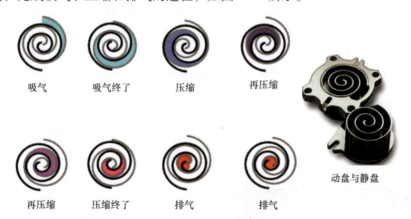
图 11-4　压缩机的工作过程

1）吸入过程。在动盘、静盘间产生的压缩室的容积随着动盘的旋转而增大，这时，气态制冷剂被吸入。

2）压缩过程。吸入步骤完成后，随着动盘继续转动，压缩室的容量逐渐减小，这样，吸入的气态制冷剂逐渐压缩并被排到静盘的中心，当动盘旋转约两周后，制冷剂的压缩完成。

3）排放过程。当气态制冷剂压缩完成而压力较高时，通过按压排放阀，气态制冷剂通过静盘中心排放口排出。

（2）蒸发器　蒸发器如图11-5所示，是一种由管子与散热片组合起来的热交换器，其作用则是将膨胀阀出来的低压制冷剂蒸发而吸收流进车内空气的热量，从而达到车内降温的目的。

（3）膨胀阀　膨胀阀即一个由温控包控制的可变截面小孔，安装在蒸发器入口处（图11-5和图11-6），其作用是把从冷凝器流出的高压制冷剂节流雾化，利于制冷剂在蒸发器中进一步汽化吸热。膨胀阀分开了制冷剂的高压侧和低压侧。膨胀阀可以自动调节制冷剂流量，它根据制冷负荷的改变和压缩机转速的变化，自动调节制冷剂进入蒸发器的流量以满足制冷循环的需要。

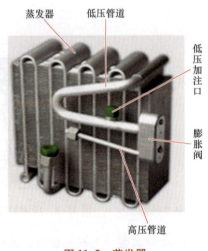

图 11-5　蒸发器

图 11-6　膨胀阀

（4）冷凝器　管子与散热片组合起来的热交换器如图11-7所示，一般安装在水箱散热器后面，经过散热器风扇把流经其内部的高温、高压制冷剂的热量散至周围空气中。

（5）加热装置　目前，电动汽车空调加热主要采用PTC加热方式。PTC电加热器是采用PTC热敏电阻元件为发热源的一种加热器，如图11-8所示。PTC热敏电阻通常是用半导体材料制成的，它的电阻随温度变化而急剧变化，当外界温度降低，PTC电阻值随之减小，发热量反而会相应增加。加热装置以铝片为散热片，压制而成。在接通电源后，冷风在鼓风机驱动下通过加热器散热片后变成暖风，通过风道进入驾驶室。PTC加热器有电热丝加热器和陶瓷式加热器两种，具有发热无异味，使用寿命长，无明显功率衰减现象，干净整洁，热效率高等特点。

图 11-7　冷凝器

图 11-8　PTC 电加热器

二、电动汽车空调系统的工作原理

1. 电动汽车空调制冷原理

电动汽车空调制冷系统和传统汽车空调比较，只是压缩机驱动由机械式变成了电驱动，其制冷原理基本一致。用户按操作程序启动汽车空调系统之后，VCU 发出指令通过压缩机控制器来驱动电动压缩机工作，驱使制冷剂在密封的空调系统中循环。压缩机将气态制冷剂压缩成高温高压的制冷剂气体后排出压缩机，并经管路流入冷凝器后，在冷凝器内散热、降温，冷凝成高温高压的液态制冷剂流出。高温高压液态制冷剂经管路进入干燥储液器内，经过干燥、过滤后流进膨胀阀节流，状态发生急剧变化，变成低温低压的液态制冷剂进入蒸发器，在蒸发器内吸收流经蒸发器的空气热量，使空气温度降低，吹出冷风，产生制冷效果，制冷剂本身因吸收了热量而蒸发成低温低压的气态制冷剂经管路被压缩机吸入，进行压缩，进入下一个循环，只要压缩机连续工作，制冷剂就在空调系统中连续循环，产生制冷效果；压缩机停止工作，空调系统内制冷剂随之停止流动，不产生制冷效果。

2. 电动汽车空调制热原理

制热工作原理

电动汽车没有用来采暖的发动机余热，无法提供作为汽车空调冬天采暖的热源。因此电动汽车大都采用了 PTC 加热管系统进行制热。工作时打开热风旋钮，动力蓄电池开始供电加热装在蒸发器箱的 PTC 管，送风风扇把驾驶室内的冷空气吸入蒸发器箱流经 PTC 表面，受热升温后的空气被送风风扇送至驾驶室出风口。

三、北汽新能源电动汽车空调的使用

1. 北汽新能源 EV160 空调的操作

北汽新能源电动汽车均采用手动空调，其空调控制面板布局如图 11-9 所示。

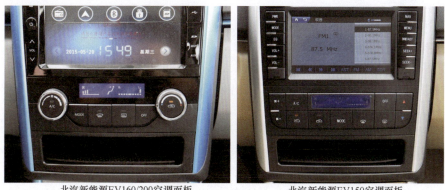

北汽新能源EV160/200空调面板　　　　北汽新能源EV150空调面板

图 11-9　北汽新能源电动汽车空调控制面板

以北汽新能源 EV160 空调控制面板为例，各操作按钮名称、功能见表 11-1。按钮编号如图 11-10 所示。

表 11-1　北汽新能源 EV160 空调控制面板按钮功能说明

编号	名称	功能
1	风速调节	右旋加大风量，左旋减小风量。调节空调风扇速度，以改变制冷速度和强度
2	A/C 开关	压缩机控制指令开关，点亮起动后压缩机开始制冷

（续）

编号	名称	功能
3	模式调节	改变空调出风口风向
4	前除霜开关	前窗除霜开关，开启后出风口向前风窗玻璃吹风
5	后除霜开关	后窗除霜开关，开启后后风窗玻璃电热丝加热
6	空调关闭键	关闭空调系统
7	循环模式开关	点亮室内循环，熄灭室外循环
8	温度控制	右旋提高温度，左旋降低温度
9	液晶显示屏	显示空调工作模式

2. 电动汽车空调使用注意事项

1）当空调运转时，应关好所有门窗，以免车内冷（热）气泄漏，影响空调效果。压缩机必须经常使用，空调效果才会好。为保证车内空气新鲜，应间隔一段时间打开空调外循环进行换气。

2）在动力蓄电池 SOC 较低时，应减少空调的使用时间，以尽量增加车辆的续驶里程。

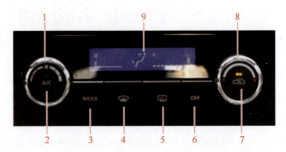

图 11-10　北汽新能源 EV160 空调控制面板

3）如果起动空调制冷（制热）时，车辆内部温度很高（很低），开启空调前，通过将风机设置为最高速并开启车窗和天窗，在短时间内对车辆进行通风，以提高制冷（制热）效果。

4）到达目的地前 2min 按灭 A/C，让风扇把管道内的冷气或暖气吹干燥。

四、空调系统的基本检查与维护

1. 空调系统的直观检查

1）检查空调出风口的出风量，如果出风量不足，检查进风滤清器，如有杂物将其清除。

2）听压缩机附近是否有非正常的响声，如果有，检查压缩机的安装情况。

3）检查冷凝器散热片上是否有脏物覆盖，如果有将脏物清除，检测冷凝器和风扇状况及运转是否正常。

4）检查制冷循环系统的各连接处是否有油渍，如果有油渍，说明该处有泄漏，应紧固该连接处或更换该处的零件。

5）将鼓风机开至低、中、高档，听鼓风机处是否有杂声，检查鼓风机是否运转正常，如果有杂声或运转不正常，检查是否有异物进入或固定螺栓松动，若无应更换鼓风机。

6）空调系统若有异常，打开机盖检查以上项目。检查时一定要断开辅助蓄电池负极，等待几分钟保证高压系统完全断电后进行。

2. 检查制冷剂的数量

检查制冷剂的数量有两种方法，一种是通过系统中安装的视液镜检查，另一种是通过检测空调系统的压力检查。

北汽新能源空调系统没有检视窗口，只能采用检测系统压力的方法。检测方法如下：将空调检测用压力表组（图11-11），高低压开关完全关闭，连接软管，红色接高压阀口，蓝色接低压阀口；选择合适的快速插头，把软管另一端和车辆侧的空调管道高低压加注阀相连（图11-12），蓝色软管接低压侧（防护帽上标有L），红色软管接高压侧（防护帽上标有H）；起动空调制冷功能，在空调运行时检查歧管压力表所显示的压力。北汽新能源系列汽车空调制冷系统正常时低压侧压力应为0.25~0.3MPa，高压侧压力应为1.37~1.57MPa。

图11-11　空调检测压力表组

图11-12　连接高低压加注阀

3. 检查制冷剂的泄漏

用检漏仪检测空调制冷系统的管道和各个连接部位。检查时，打开检漏仪（图11-13）开关，调整好灵敏度，用探头去接近空调管道及各个连接部位。若接近部位有泄漏，指示灯会快速闪烁，警报器鸣叫频率也会同步加快。

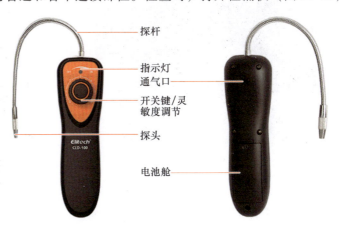
图11-13　制冷剂检漏仪

4. 检查制冷功能

当环境温度高于20℃时，将车门全开，开启A/C开关，气流选择为面部出风，进风选择为内循环，鼓风机速度选择最大，温度选择最冷，5~6min后测试出风口的温度。对于北汽新能源EV系列电动汽车，出风口温度应在0~5℃范围内。

5. 检查制热功能

将车辆门窗关严，风量开到最大，内循环，温度选择最高，起动空调，检查出风口温度是否明显上升。空调运转5~6min，检查空气是否有焦煳、过热的异味。

6. 空调空气滤清器的清洁与更换

空调空气滤清器的作用是过滤掉进入驾驶室空气中的悬浮颗粒物、烟尘和霉变气味等，从而使进入驾驶室的空气比较纯净。当空气滤清器发生堵塞时，就会出现制冷效果变差、空气气味变差等现象。

一般情况下，空气滤清器的更换周期为 1.5 万 km 一次或者每年更换。汽车空气滤清器经常在恶劣环境中工作的车辆应当不超过 1 万 km 一次。在日常的检查维护中，经常检查空调空气滤清器，看内部是否有异物或灰尘积累，如果脏了就必须进行清洁和更换。

1）空气滤清器的位置一般有三个地方，分别为：机舱/驾驶舱/副驾驶舱。如图 11-14 所示。

图 11-14　空气滤清器一般的安装位置

2）北汽新能源 EV200 空气滤清器所在的位置为汽车副驾驶位置。空气滤清器的位置在副驾驶舱。更换时按照要求逐步拆除相关部件，如图 11-15 所示。

3）清洁空气滤清器。将空气滤芯取出，检查是否有较多尘土，如有可以轻轻拍打滤芯端面，并用压缩空气由里向外吹除滤芯上的尘土，如图 11-16 所示。

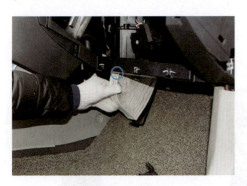 

图 11-15　拆卸滤芯　　　　　　　　　图 11-16　清洁空气滤清器

4）检查清扫干燥后的滤芯。将照明灯点亮放入滤芯里面，从外部观察有无损伤、小孔或变薄的部分，如果破损，则需更换空气滤清器。

5）安装空气滤清器。滤芯清洁完毕或者更换滤芯后，安装空气滤清器顺序与拆卸的顺序相反，将各部件安装好。必须可靠地装好滤芯，不宜用手或器具接触滤芯的纸质部分，尤其不能让油类污染滤芯。

 知识拓展

汽车空调使用小技巧

行车中，当遇到交通堵塞时，不要为提高空调效能而使发动机以较高转速运转，这样会影响发动机和空调压缩机的使用寿命。当低速行驶时，风速开关应该调在低速档位，不要频

繁开启和关闭空调，以防损坏。

停车时，不能过长时间使用空调，以免散热器冷凝压力过高而损坏制冷系统。如果车停在烈日下的停车场，车辆起动后不要立刻使用空调，应该先把所有车窗都打开，起动外循环，把热气排出去，等车厢内温度下降后再关闭车窗，开启空调，以提高效率。如果发动机因开空调增大负荷导致冷却液温度过高，要暂停使用空调，直至冷却液温度正常为止。

在到达目的地之前几分钟关掉冷气（即 A/C 和 OFF 键），开启自然风，在停车前使空调管道内的温度回升，消除与外界的温差，从而保持空调系统的相对干燥。

任务一 空调制冷剂的加注

学习目标

1. 学会使用空调制冷剂检查、回收加注设备。
2. 掌握制冷剂鉴别、回收和加注的方法。
3. 掌握制冷剂回收与加注时的安全注意事项。

知识储备

一、汽车空调系统制冷剂的回收、加注设备简介

1. 制冷剂鉴别仪

图 11-17 所示为罗宾奈尔 16910 型制冷剂鉴别仪，主要用来检验制冷剂的类型、纯度、非凝性气体以及其他杂质，能鉴别 R134a、R12、R22、HC、AIR 这五种成分的纯度，鉴别结果以百分比显示，精度为 0.1%。空调系统检修时根据纯度显示确定制冷剂是否需要净化或更换。

检验结果在显示屏上显示如下：

PASS：制冷剂纯度达到 98% 或更高，通过检验，可以回收。

FAIL：R12 或 R134a 的混合物，任意一种纯度达不到 98%，即混合物太多。

FAIL CONTAMINATED：未知制冷剂，如 R22 或 HC 含量 4% 或更多，不显示含量。

NO REFRIGERANT-CHK HOSE CONN：空气含量达到 90% 或更高，说明没有制冷剂。

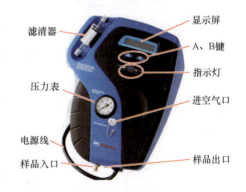

图 11-17 罗宾奈尔 16910 型制冷剂鉴别仪

该型鉴别仪的使用方法如下：

1）给仪器通电，仪器自动开机后让仪器预热2min。

2）在预热过程中，需要将当地的海拔输入到仪器的内存中。

3）系统标定。仪器将会通过进空气口吸入环境空气约1min。环境空气是用于校正测试元件并排除残余的制冷剂气体。

4）根据仪器的提示把采样管的入口端接到车辆空调系统或制冷剂罐的出口上。按A按钮开始进行分析。仪器对样品的分析过程需要大约1min的时间。

5）分析完成，显示分析结果，检测完毕。

2. 制冷剂回收加注机

图11-18所示为"罗宾尼AC350C"制冷剂回收加注机，利用它可以进行制冷剂回收、净化、抽真空和加注，能进行冷冻机油的回收、加注，还能进行空调系统检漏等作业。目前市面上的制冷剂回收加注机都有这些功能，其特点是功能多、自动化程度高，加注、回收效率高。不同的回收加注机操作方式有所不同，具体操作可见其操作说明书。图11-19所示为罗宾尼AC350C制冷剂回收加注机操作界面（图a）和控制面板（图b）。

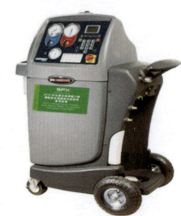

图11-18 罗宾尼AC350C制冷剂回收加注机

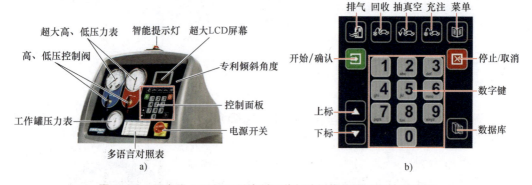

图11-19 罗宾尼AC350C制冷剂回收加注机操作界面和控制面板

a）操作界面 b）控制面板

3. 空调歧管压力表组与注入阀

空调歧管压力表组件如图11-20所示，利用它和注入阀可以进行制冷剂充注、添加冷冻机油，和抽真空机配合可以进行空调系统抽真空等作业，是汽车空调系统故障诊断与排除以及汽车空调系统维修必不可少的设备。

制冷剂注入阀是打开小容量制冷剂罐的专用工具，它利用蝶形手柄前部的针阀刺破制冷剂罐，通过注入阀接头把制冷剂引入歧管压力表组件，如图11-21所示。

二、汽车空调制冷剂回收、净化、加注工艺规范（JT/T 774—2010）

1. 加注汽车空调制冷剂的环境条件

汽车空调制冷剂的加注作业应符合以下条件：

1）作业场地应通风良好。

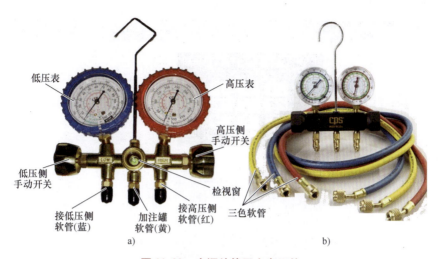

图 11-20 空调歧管压力表组件

a) 带检视窗　b) 不带检视窗

2）作业场地禁止明火。

3）作业时，维修人员应配备必要的安全防护设施，如防护手套和防护眼镜等，避免接触或吸入制冷剂和冷冻机油的蒸气及气雾。

2. 加注汽车空调制冷剂的工艺流程

汽车空调制冷剂加注作业流程包括以下八个步骤：

①作业准备；②检漏；③视情清洗；④抽真空；⑤补充冷冻机油；⑥加注制冷剂；⑦检测；⑧完成加注作业。电动汽车空调制冷剂加注方法见表 11-2。

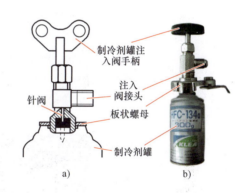

图 11-21 注入阀与制冷剂罐

a) 示意图　b) 实物图

表 11-2　电动汽车空调制冷剂加注方法（利用 AC350C 加注设备）

操作步骤	操作内容	图解	备注
1	设备连接		重要提示：将设备的红色软管与系统高压端相连，蓝色软管与系统低压端相连。不能接错
2	打开电源开关		

（续）

操作步骤	操作内容	图 解	备 注
3	按"数据库"键	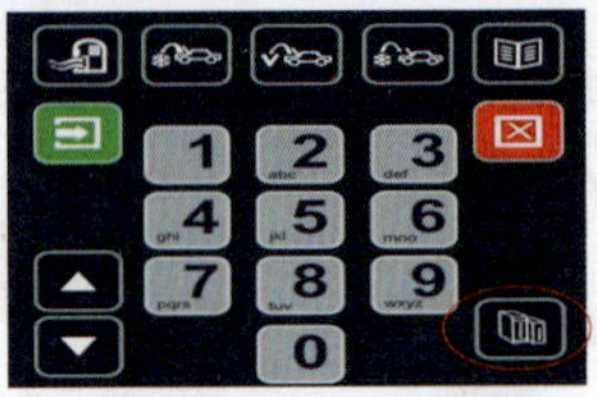	根据车型查找数据库
4	查找加注量	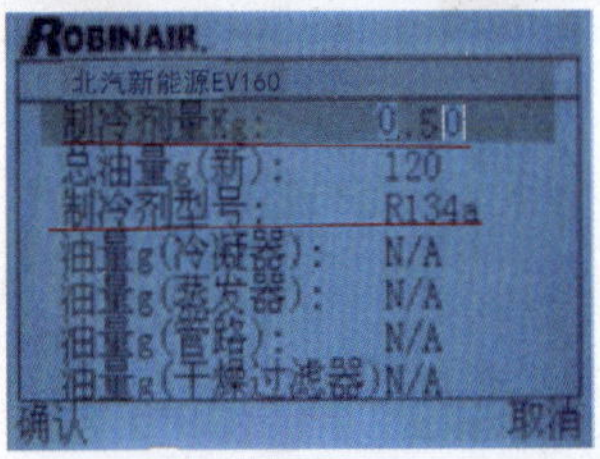	根据车型等查找制冷剂加注量 北汽新能源 EV160/200 轿车制冷剂规定加注量为 500g
5	检查工作罐中制冷剂净重	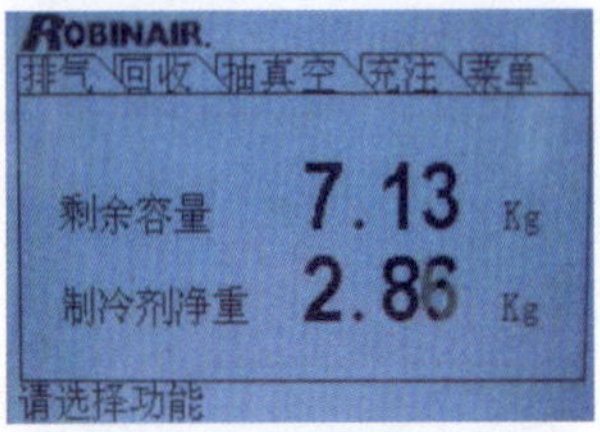	净重不足 3kg 应添加，净重达到加注量的三倍也可以充注（速度较慢）
6	按"充注键"		
7	进入充注界面	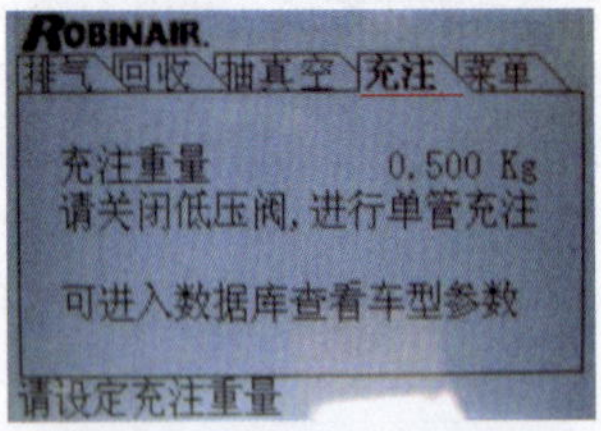	
8	按"数字"键，选择充注量	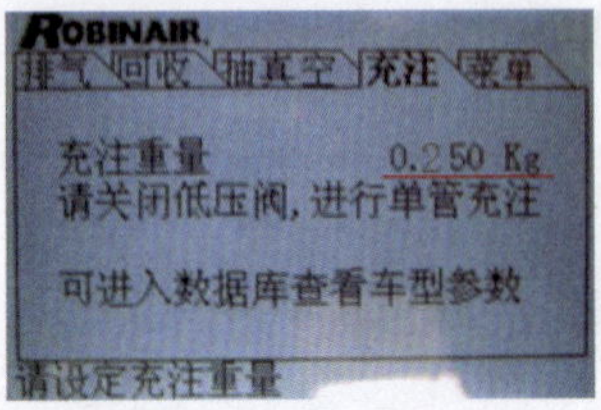	选择加注 0.25kg（1 罐） 注：加注量应根据实际需要选择，如不知道需要添加多少，可先选择少量，待充注完成，经检测压力不达要求时可再次进行充注

（续）

操作步骤	操作内容	图解	备注
9	根据提示"关闭低压阀，打开高压阀"		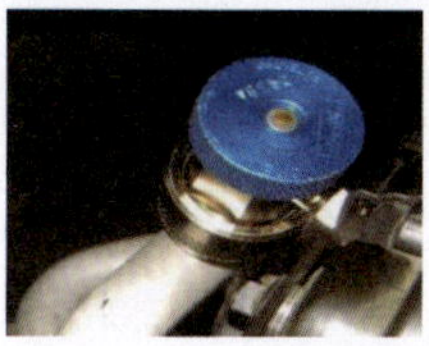 低压阀门 关闭低压阀的目的是为了进行单管充注
10	按"确认"键进行充注		 "确认"键 屏幕上显示已充注制冷剂的重量
11	充注完成，关闭高压阀	 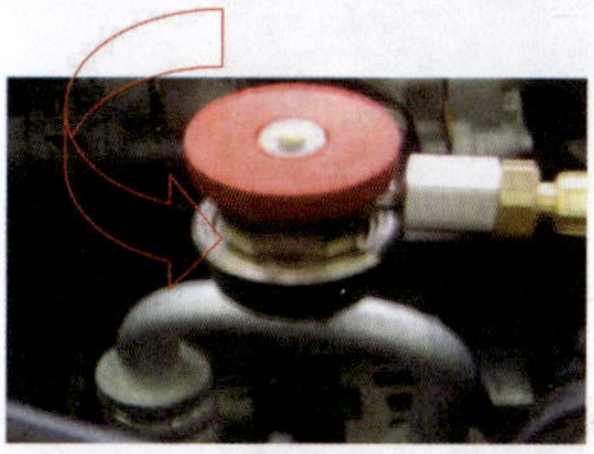	当屏幕上显示已充注 0.250kg 时，即表示已充注完成。此时警告灯闪三次，蜂鸣器同时发出三声"嘀"；根据界面显示，高压快速插头逆时针旋转，将加注管与制冷系统断开
12	按"确认"键对管路清理		按"确认"键对管路清理，完成管路清理后，警告灯闪三次，蜂鸣器同时发出三声"嘀"
13	按"确认"键退出管路清理，并关闭控制面板上的高低压阀门		按"确认"键退出

（续）

操作步骤	操作内容	图解	备注
14	从车上取下高低压软管		
15	打开空调		打开车窗、车门、所有空调出风口，将制冷风量调至最大
16	查找泄漏		采用电子式检漏仪或荧光式检漏仪进行检测，确认管道、管接头处无泄漏
17	压力检测		用AC350C自带压力表检测，也可用空调歧管压力表组检测：接上空调压力表组，若环境温度在35℃左右，低压侧压力应在0.25~0.3MPa范围内，高压侧压力应在1.3~1.5MPa范围内
18	出风口温度检测		空调运转5~6min后，出风口温度应远远低于环境温度（北汽新能源约为0~5℃）
19	取下空调压力表组，完成制冷剂添加		

三、电动汽车空调维修注意事项

1）当触碰和检修高压器件时，注意安全防护，应拆下与蓄电池负极相连的电线并等待3min以上。

2）制冷剂的排放应远离工作场所，并保持工作场所通风良好，以免造成窒息危险。制冷剂不要靠近火焰，以免产生对人体有害的物质。

3）在打开制冷系统时，必须戴手套及防护眼镜，以免制冷剂冻伤皮肤。一旦皮肤上溅到制冷剂，要立即用大量的冷水清洗，千万不可用手搓。

4）制冷系统打开后，一定要及时加盖或包扎密封，防止潮气或杂质进入。

5）更换制冷部件后，要先为系统补充冷冻机油，然后再加注制冷剂。不同品牌的冷冻机油、制冷剂不能混用。北汽新能源指定采用 R134a 制冷剂和 POE68 冷冻机油（压缩机润滑油）。

6）当拧紧或拧松螺纹接头时，必须同时使用两把扳手，连接安装各管路接口时注意管口清洁，O 形圈涂抹冷冻机油。

知识拓展

制冷剂及冷冻机油的基本常识

一、制冷剂的类型及特性

1. 制冷剂的类型

制冷系统中用于转换热量并循环流动的物质称为制冷剂。目前汽车空调系统中使用的制冷剂有 R12 和 R134a 两种。

R12 又称为 R-12、氟利昂 12、F-12、CFC-12、二氟二氯甲烷等，分子式 CCl_2F_2。由于 R12 制冷剂对臭氧层有破坏，并且存在温室效应，因此在发达国家和部分发展中国家，已经停止了在新空调、制冷设备上的初装或旧设备上的再添加；中国 2007 年已停止了 R12 制冷剂的生产，以及在新制冷空调设备上的初装。

2. 制冷剂的特性

（1）R12 的特性

1）无色、无味、无毒、不易燃烧、不易爆炸，化学性质稳定。

2）不溶于水，对金属无腐蚀作用。

3）能溶解多种有机物，一般橡胶密封圈不能使用。

4）具有较好的热力性能，冷凝压力比较低。

5）互溶性较好，它能与矿物油以任意比例互相溶解。

6）对大气臭氧层有破坏作用，使全球变暖产生温室效应。

（2）R134a 的特性

1）无色、无味、无毒、不易燃烧、不易爆炸，化学性质稳定。

2）不破坏臭氧层，在大气层停留寿命短，温室效应影响也很小。

3）黏度较低，流动阻力较小。

4）分子直径比 R12 略小，易外泄，能被分子筛吸收。

5）与矿物油不相溶，与氟橡胶不相溶。

6）吸水性和水溶性比 R12 高。

7）汽化热高，定压比热大，具有较好的制冷能力。

3. 制冷剂使用的注意事项

1）当使用制冷剂时，不要与皮肤接触，应戴护目镜，以免冻伤皮肤和眼球。

2）避免振动和放置高温处，以免发生爆炸。

3）远离火苗，避免 R12 分解产生有毒光气。

4）R134a 与 R12 不能混用，因为不相溶，会导致压缩机损坏。

5）使用 R134a 制冷剂的系统，应避免使用铜材料，这样会产生镀铜现象。

6）制冷剂应放置在低于 40℃ 以下的地方保存。

二、冷冻机油的类型及性能要求

1. 冷冻机油的类型

在制冷系统中，用于保证压缩机正常工作，不易磨损，随系统循环流动并和制冷剂相溶的油称为冷冻机油。目前汽车空调系统中使用的冷冻机油有 R12 用矿物油、R134a 用合成油（RAG、POE）两种。

2. 对冷冻机油的性能要求

1）要有适当的黏度，受温度的影响要小，而且这种黏度形成的油膜强度要高，能承受较大的轴向负荷，在不同温度下具有良好的润滑性能。

2）要有良好的低温流动性和互溶性，在制冷系统中，润滑油随制冷剂一起在系统中流动，在任何温度下都不能沉积，而且互溶。

3）化学性质要稳定，与制冷剂和其他材料不起化学反应。

4）毒性、腐蚀性要小，闪点要高，这是对安全性的一种要求，最好是无毒，不燃烧，对金属橡胶无腐蚀。

5）吸水性要小，如油中水分含量过高，通过节流阀时会因低温而结冰，造成系统因结冰而堵塞的现象。

3. 冷冻机油的作用

（1）润滑作用　减少压缩机运动部件的摩擦和磨损，延长机组的使用寿命。

（2）冷却作用　它能及时带走运动表面摩擦产生的热量，防止压缩机温度过高损坏。

（3）密封作用　密封件表面涂上冷冻机油后能提高接触点的密封性，防止制冷剂泄漏。

参 考 文 献

[1] 赵振宇. 新能源汽车技术 [M]. 北京：人民交通出版社，2013.
[2] 张葵葵. 汽车维护 [M]. 北京：高等教育出版社，2015.
[3] 景平利，等. 电动汽车检查与维护 [M]. 北京：机械工业出版社，2017.
[4] 陈强明，等. 新能源汽车综合故障诊断 [M]. 天津：天津科学技术出版社，2016.

"十三五" 职业教育新能源汽车专业 "互联网+" 创新教材

电动汽车维护保养实训工单

主　编　张珠让　尤元婷
副主编　梁华霖　张秋华
参　编　袁　亮　张积社　李运发　马鑫涛　何连宝
　　　　王永强　陈　伟　张　巍　何寿柏　张科锋
　　　　邬志军　包善治　徐　涛

机械工业出版社

目录

项目一　电动汽车维护保养准备 ··· 1
　　实训一　电动汽车车辆作业前场地准备 ····································· 1
　　实训二　电动汽车维护保养工具使用 ··· 8
项目二　电动汽车新车检查交付 ··· 17
　　实训　新车检测（PDI） ··· 17
项目三　电动汽车高压部件绝缘检测 ·· 25
　　实训　高压部件绝缘检测 ··· 25
项目四　电动汽车充电系统维护保养 ·· 34
　　实训　充电系统基本检查和维护 ··· 34
项目五　电动汽车动力蓄电池系统维护保养 ································ 43
　　实训　动力蓄电池基本检查 ··· 43
项目六　电动汽车冷却系统维护保养 ·· 50
　　实训一　冷却系统基本检查 ··· 50
　　实训二　冷却液的更换 ··· 56
项目七　电动汽车底盘维护保养 ··· 63
　　实训一　电动汽车底盘基本检查 ··· 63
　　实训二　减速器油的更换 ··· 70
项目八　电动汽车制动系统维护保养 ·· 78
　　实训一　电动汽车制动系统基本检查 ······································· 78
　　实训二　制动液的更换 ··· 90
项目九　电动助力转向系统维护保养 ·· 99
　　实训　电动助力转向系统基本检查 ··· 99
项目十　电动汽车车身电器设备维护保养 ··································· 109
　　实训一　车身电器设备维护保养 ··· 109
　　实训二　风窗玻璃清洗系统维护保养 ······································· 121
项目十一　电动汽车空调系统维护保养 ······································· 129
　　实训一　空调系统基本检查 ··· 129
　　实训二　空调制冷剂的加注 ··· 138

项目一 电动汽车维护保养准备

实训一　电动汽车车辆作业前场地准备

学院		专业	
姓名		学号	
小组成员		组长姓名	

一、接收工作任务　　　　　　　　　　成绩：

1. 企业工作任务

王磊是汽车服务有限公司一名学徒工,负责车辆入场维修前的日常准备工作。现王磊需完成车辆维护保养前车辆停放检查与安全防护、工具设备及场地检查等准备工作。

2. 任务分析

车辆作业前场地准备工作是车辆维修前的日常工作,维修人员需要做好防护检查等准备工作,保证维修车间作业安全。

二、信息收集　　　　　　　　　　　成绩：

1)在汽车行驶一定里程和时间后,应对汽车进行全面的_____,以降低机件磨损速度,减少运行故障,使汽车具有良好的_____和_____,延长_____,确保_____。

2)请查阅资料填写下表中 A/B 级维护保养分别对应的维护保养项目。

维护保养级别	维护保养项目	累计行驶里程/km					
		10 000	20 000	30 000	40 000	50 000	以此类推
A 级维护保养							
B 级维护保养							

3)电动汽车维修作业中安全为首,因此,应遵循以下安全操作规范。

①维护保养场地周边不得有_____及_____。

②维护保养人员必须佩戴必要的_____,不得佩戴_____。

③与工作无关的工具_____,必须使用的金属工具,手持部分一定要做_____。

④维护保养现场整车高压通电,必须____人以上进行,一人____,另一人____。

⑤ 维护保养过程中严格遵循先_____后_____、先_____后_____的顺序。

⑥ 为保证操作中的绝对安全，场地工作区域_____、_____，隔离距离正常。

4）作业前应检查维护保养专用工具，请在下表中填写各个工具的用途。

序号	工具仪器名称	用途	序号	工具仪器名称	用途
1	故障诊断仪（BDS）		7	护目镜	
2	动力蓄电池举升车		8	绝缘安全帽	
3	绝缘拆装工具		9	高性能数字万用表	
4	绝缘手套		10	红外线温度仪	
5	绝缘垫		11	灭火器	
6	放电工装		12	高性能绝缘表	

5）北汽新能源系列电动汽车维护保养项目，如果按照系统可以划分为：_____、_____、_____、_____、_____、_____、_____。

6）（多选）下列选项中属于电动汽车维护保养场地要求的是（　　）。
A. 通风良好　　　　　　　　B. 光线充足
C. 地面为宽敞斜坡　　　　　D. 配备常用维护工具，气路、电路完整
E. 周边无大功率电器电磁设备　F. 水泥地

7）（判断）蓄电池在存放时严禁处于亏电状态。（　　）

8）（判断）当电池闲置不用时，应每月补充电一次，这样能较好地保持电池健康状态。（　　）

9）在使用过程中，如果电动汽车的续航里程在短时间内突然大幅度下降十几千米，则很有可能是_____。

10）（多选）下列属于电动汽车维护保养的正确做法的是（　　）。
A. 存放时亏电　　　　　　　B. 定期检查
C. 避免大电流放电　　　　　D. 正确掌握充电时间
E. 防止暴晒

11）（单选）当发现下述哪个情况时，应及时清除氧化物或更换插接件。（　　）
A. 充电时插头发热　　　　　B. 接触面氧化
C. 220V 电源插头松动　　　D. 充电器输出插头松动

12）一般情况蓄电池平均充电时间在_____。充电过程如蓄电池温度超过_____℃，应停止充电。

13）温度过高的环境会使蓄电池_____，引发电池活性下降，加速极板老化。

14）（判断）在进行电动汽车等新能源汽车检修时，与传统汽修不同，不需要安放车轮挡块、三件套和翼子板布护垫等用具。（　　）

15）（判断）在准备电动汽车场地时，只要以前测试过绝缘垫的绝缘阻值，一个月内都不要再次测量。（　　）

三、制订计划　　　　　　　　　　　　　成绩：

1）根据车辆作业前场地准备要求，制订车辆停放检查与安全防护、工具设备及场地检查作业计划。

作业流程		
序　号	作业项目	操　作　要　点
计划审核	审核意见： 年　月　日　签字：	

2）请根据维修作业计划，完成小组成员任务分工。

操　作　人		记　录　员	
监　护　人		展　示　员	
作业注意事项			

1）实训开始前应摘掉戒指、手表、项链，脱去宽松的衣服，换上实训服，长头发应挽起固定于脑后。
2）按正确的方法使用状态良好的工具，使用后应立即清理。
3）当使用汽车举升机时应严格按照举升机的操作规程进行作业。
4）当整车实训时确保点火开关处于LOCK位置，操作另有要求除外。
5）当就车工作时，应施加驻车制动，除非特定操作要求置于其他档位。

检测设备、工具、材料			
序　号	名　称	数　量	清　点
			□已清点
			□已清点
			□已清点
			□已清点
			□已清点
			□已清点
			□已清点
			□已清点
			□已清点
			□已清点

四、计划实施		成绩：	

1）维修作业前现场环境检查。

	通风良好、光线充足、地面平整宽敞	□是 □否
	配备常用维护工具，气路、电路完整安全	□是 □否
	车辆操作区域地面铺设绝缘垫	□是 □否

2）安装车内三件套，并将车辆停放在合适工位。

	三件套名称	
	安装顺序	
	铺设三件套的原因	

3）检查驻车制动器及档位位置。

	1）检查驻车制动器的位置。	驻车制动器位置	□落下 □提起
	2）检查档位位置。	档位位置	□R位 □N位 □D位 □E位
	注意事项：当学生在检查驻车制动器和档位时，务必要求其动作要轻，以免损坏制动器及变速杆。注意不要让学生随意操作转向盘、喇叭、车灯、刮水器、空调和收音机等车内电器按钮。		

4）安放车轮挡块，固定车辆位置。

	车轮挡块安放位置	□左前轮 □右前轮 □左后轮 □右后轮
	挡块数量	□1 □2 □3 □4
	安放挡块的原因	

5）在维修工位周围布置警戒带。

操作对象	警戒带
与车辆距离	参考值： 前：_____ m 后：_____ m 左：_____ m 右：_____ m
布置警戒带的原因	

6）放置危险警示牌。

警示牌放置位置	□前机舱盖 □车顶 □地面
放置警示牌的作用	
说明：在实际维修企业中，会设定专门的电动汽车维修工位，有警示标志。	

7）检查绝缘防护设备完好情况。

绝缘手套	□良好 □漏气	绝缘靴	□良好 □破裂
安全头盔	□良好 □破裂	护目镜	□良好 □破裂
检查项目	用具的外观和密封性	合格标志	
绝缘防护电压	_____V		

8）检查绝缘维修工具。

绝缘工具检查结果	□正常 □破损，破损件：_____
绝缘防护电压	_____V

9）测量绝缘垫的绝缘阻值，判断其是否符合要求。

工具	绝缘万用表	自检结果	□正常 □损坏	
档位	电阻档	选择量程	□500V □1000V	
测量点及测量值	理论值：_____ Ω	□左前轮地面	_____ GΩ	
		□右前轮地面	_____ GΩ	
		□左后轮地面	_____ GΩ	
		□右后轮地面	_____ GΩ	
		□车辆中心下	_____ GΩ	

10）铺设翼子板防护垫。

翼子板布数量	□1 □2 □3 □4
铺设翼子板防护垫的原因	

五、质量检查　　　　成绩：

请实训指导教师检查本组作业结果，并针对实训过程出现的问题提出改进措施及建议。

序　号	评价标准	评价结果
1	车辆停放安全是否到位	
2	车辆作业防护是否符合要求	
3	工具检查是否规范、全面	
4	场地安全警戒操作是否正确	
综合评价	☆ ☆ ☆ ☆ ☆	
综合评语（作业问题及改进建议）		

六、评价反馈

成绩：

请根据自己在课堂中的实际表现进行自我反思和自我评价。

自我反思：_____
_____。

自我评价：_____
_____。

实训成绩单

项　　目	评 分 标 准	分　　值	得　　分
接收工作任务	明确工作任务，理解任务在企业工作中的重要程度	5	
信息收集	了解纯电动汽车维修工位地面、设备等要求	10	
	熟悉电动汽车高压作业个人防护用具及维修工具	10	
制订计划	按照场地准备要求制订车辆停放检查与安全防护、工具设备及场地检查作业计划	10	
	能协同小组人员安排任务分工	5	
	能在实施前准备好所需要的工具器材	5	
计划实施	检查车辆停放位置是否合适	2	
	正确安装车内三件套	5	
	检查驻车制动器及档位位置	2	
	正确安放车轮挡块	3	
	在维修场地周围布置警戒带	1	
	放置危险警示牌	1	
	检查绝缘防护设备完好情况	6	
	检查绝缘维修工具完好情况	6	
	测量绝缘垫的绝缘阻值	10	
	正确铺设翼子板防护垫	5	
质量检查	学生任务完成，操作过程规范	10	
评价反馈	学生能对自身表现情况进行客观评价	2	
	学生在任务实施过程中发现自身问题	2	
得分（满分100）			

实训二 电动汽车维护保养工具使用

学院		专业	
姓名		学号	
小组成员		组长姓名	

一、接收工作任务	成绩:

1. 企业工作任务

王磊是汽车服务有限公司一名学徒工,在日常维修中为其他维修技师做副手,对一些基本的维修工具也能简单使用。现需王磊完成故障诊断仪连接、个人防护用具穿戴,并使用绝缘万用表检查蓄电池电压等工作。

2. 任务分析

纯电动汽车维修检测需要使用专用的检修工具,当进行高压作业时,操作人员需佩戴高压防护用具。因此对基本工具、仪表的使用是维修工日常工作的必备技能。

二、信息收集	成绩:

1)汽车举升机是用于汽车维修过程中举升汽车的设备,请写出下列不同类型举升机的名称。

		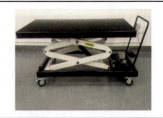

2)(判断)汽车举升机操作简单,使用方便,最大的特点是安全,不存在安全隐患。( )

3)(单选)关于举升机的安全操作规程,下列说法中错误的是( )。
A. 使用前应清除举升机附近妨碍作业的器具及杂物
B. 支车时,四个支角或垫块只要对应在车架的正确位置即可,可不在同一平面上
C. 举升时人员应离开车辆
D. 举升机不得频繁起落,支车时举升要稳,降落要慢

4)对于举升机,应定期(半年)排除举升机液压缸积水,并检查油量,油量不足应_____,同时应检查_____、_____、_____、_____。

及_____等工作部件。

5）带电作业或使用电气工具时为防止工作人员触电，必须使用绝缘工具。请识别以下工具。

图 例	工具名称	用途描述

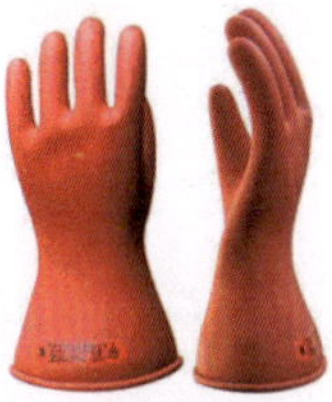		

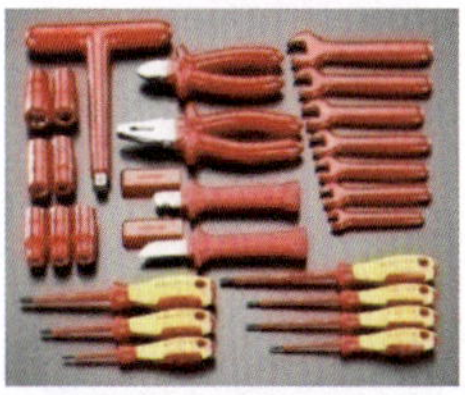		

图 例	工具名称	用途描述

6）钳形电流表又叫作_____，是利用电流互感器原理制成的，分为_____和_____两种。

7）关于钳形电流表的使用，请在下图中标出"正确"或"错误"。

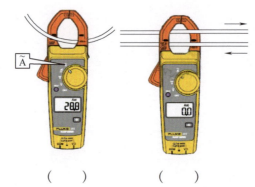

（　　　）　　　　　（　　　）

8）（判断）钳形电流表使用时应按紧扳手，直至数据测量完毕。（　　　）

9）FLUKE 1587 绝缘万用表可以测量_____、_____、_____、电容、_____和_____等。

10）（判断）为了避免触电、人身伤害，或损坏仪表，在测量电阻、导通性、二极管或电容之前，要断开电路电源并将所有高压电容器放电。（　　　）

11）绝缘测试只能在_____的电路上进行。

12）请将下列绝缘检测过程排序：_____。

① 将测试探头插入"+"和"-"输入端子。

② 按"RANGE"键选择电压后将探头与待测电路连接。

③ 按"TEST"键开始测试。

④ 将旋钮转至 INSULATION（绝缘）位置。

13）请查询《FLUKE 1587 系列用户手册》并认真阅读，完成以下信息的填写。

仪表盘图示	开关档位	测量功能
	$\tilde{V}$	
	$\overline{\overline{V}}$	
	$\overline{\overline{mV}}$	
	Ω	
	)))	

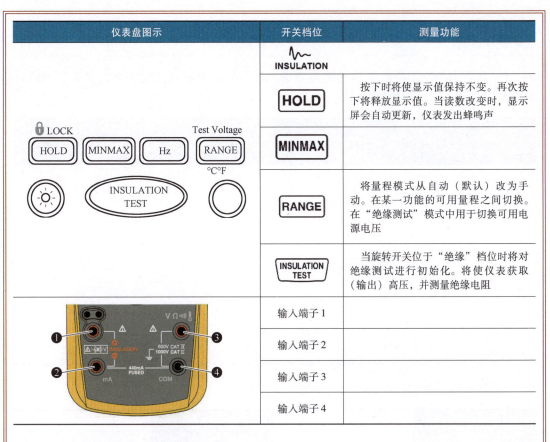

14）故障诊断仪的作用是什么？

15）请查阅资料，补充下面关于 BDS 的功能列表。

功能图标	功能名称	功能描述
		BDS 汽车无线诊断系统主界面，介绍和描述产品性能和品牌
		汽车无线诊断系统的核心功能，它提供了简易而专业的汽车综合诊断功能，包括读 VCU 信息，故障码分析，数据流分析，数据流冻结帧，元件执行，计算机编程，匹配，设定和防盗等功能
		汽车无线诊断系统的系统设定功能，它提供多种功能操作模式、连接方式、公英制单位切换和语言选择功能等功能，从而丰富用户体验
		产品软件管理，用于甄别汽车诊断软件的版本信息，以便客户升级软件，用于为客户管理汽车诊断车型软件；用于注册用户信息，以加强用户的安全性，以及客户打印测试报告时显示用户信息
		安全退出 BDS 系统

三、制订计划　　　　　　　　　　　　成绩：

1）根据电动汽车维修工具的使用要求，制订故障诊断仪使用、个人安全防护用具穿戴及测量蓄电池电压的作业计划。

作业流程		
序　号	作业项目	操作要点
计划审核	审核意见： 年　月　日　签字：	

2）请根据维修作业计划，完成小组成员任务分工。

操　作　人		记　录　员	
监　护　人		展　示　员	
作业注意事项			

1）严禁违规使用绝缘工具、仪器仪表，注意轻拿轻放，有序操作。
2）严格遵守实训规程，按照指导教师要求完成实训操作。
3）为保证教学安全性，严禁在车辆行驶的条件下进行任何实训测试。
4）严禁长时间针对辅助蓄电池进行放电操作，可采用其他低压电源设备替代。
5）若仪器仪表出现故障问题，请立即停止一切操作，严禁私自拆卸修复。

检测设备、工具、材料			
序　号	名　称	数　量	清　点
			□已清点
			□已清点
			□已清点
			□已清点
			□已清点
			□已清点
			□已清点

四、计划实施	成绩：

1）使用故障诊断仪快速读取车辆信息。

① 将故障诊断仪连接到车辆 OBD 诊断接口。

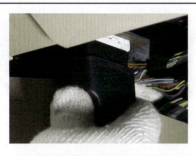
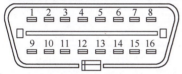

请写出 OBD 诊断接口的针脚定义：							
1		5		9		13	
2		6		10		14	
3		7		11		15	
4		8		12		16	

② 打开计算机，将诊断仪 USB 接口与计算机连接，打开北汽新能源 BDS 诊断系统软件。

诊断程序版本	
车辆选择	

③ 起动车辆，选择"快速测试"，记录测试结果。

点火开关位置	□LOCK □ACC □ON □START	
测试结果记录	故障码	描述

2）穿戴高压安全防护设备。
① 准备高压安全防护穿戴设备。

	请写出以下图示的名称：

② 穿戴高压安全防护用具。

		佩戴护目镜的作用：		
	① 戴好护目镜			
	② 戴好安全帽	佩戴安全帽的作用：		
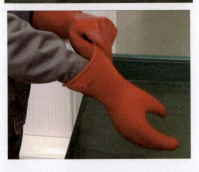	③ 戴好绝缘手套	颜色	□红色	□黑色
		绝缘手套 防护电压		

14

3）使用绝缘万用表测量蓄电池电压，并记录数据。

 万用表档位	
测得数据	
测试线插孔	□左上　□右上 □左下　□右下

4）当需要对车辆底盘进行作业时，请使用举升机举升车辆。

 检查车辆停放位置，四周间距是否合适。	左右：□是　□否 前后：□是　□否
当需举升车辆时，检查举升机悬臂支撑点是否与车辆的支点对齐。	支点数量
	是否对齐　□是　□否

五、质量检查　　　成绩：

请实训指导教师检查本组作业结果，并针对实训过程出现的问题提出改进措施及建议。

序　号	评价标准	评价结果
1	连接故障诊断仪是否正确	
2	是否通过故障诊断仪进行快速测试	
3	个人安全防护用具佩戴规范	
4	能正确使用绝缘万用表测出辅助蓄电池电压	
综合评价	☆ ☆ ☆ ☆ ☆	
综合评语 （作业问题及改进建议）		

六、评价反馈	成绩：

请根据自己在课堂中的实际表现进行自我反思和自我评价。

自我反思：_____。

自我评价：_____。

实训成绩单

项　目	评分标准	分　值	得　分
接收工作任务	明确工作任务，理解任务在企业工作中的作用	5	
信息收集	能说出故障诊断仪的作用	8	
	知道护目镜、安全帽和绝缘手套的佩戴规范	4	
	知道绝缘万用表各档位及按键的功能	8	
制订计划	制订故障诊断仪连接、个人防护用具穿戴，并使用万用绝缘表检查蓄电池电压作业的计划	10	
	能协同小组人员安排任务分工	5	
	能在实施前准备好所需要的工具器材	5	
计划实施	熟知车辆 OBD 接口针脚定义，能正确连接诊断设备	6	
	使用 BDS 诊断系统对车辆进行快速测试	9	
	正确完成绝缘防护设备的穿戴	8	
	正确使用绝缘万用表功能按钮及开关档位	8	
	完成蓄电池电压测量，结果正确	3	
	规范使用举升机举升车辆	5	
	正确规范完成维修作业后现场恢复及工具归整	2	
质量检查	学生任务完成，操作过程规范标准	10	
评价反馈	学生能对自身表现情况进行客观评价	2	
	学生能在任务实施过程中发现自身问题	2	
	得分（满分100）		

项目二 电动汽车新车检查交付

实训 新车检测（PDI）

学院		专业	
姓名		学号	
小组成员		组长姓名	

一、接收工作任务　　成绩：

客户王先生上周在本店预约明天来店提车，因此经理安排 PDI 专员今天给王先生的新车做一次新车销售 PDI 作业。

二、信息收集　　成绩：

1）PDI 是新车送交顾客之前进行的全面检查，其英文名称：_____。

2）_____是新车在投入运行前的一个重要环节，涉及_____、_____和_____三方的关系，是消除质量事故隐患的必要措施和对新车质量的再次验证，也是对购车客户兑现承诺及系列优质服务的开始。

3）（判断）新车出厂时应有厂检的技术质量标准，配齐各种装备和附件，但也难免一时的疏忽，造成生产线上人为错误导致的差错和损坏。因此，销售 PDI 中发现的问题应属厂商责任。（　　）

4）PDI 按照交付对象的不同，一般分为三级：_____、_____、_____。

5）（单选）以下不属于《汽车售后服务规范》中关于 PDI 服务的基本要求的是（　　）。

A. 供方在将汽车交给顾客前，应保证整车完好

B. 供方应对汽车性能进行测试，确保汽车的安全性和动力性良好

C. 供方应保证汽车的辅助设备功能齐全

D. 供方应向顾客提供汽车使用说明，由顾客阅读并了解汽车的使用常识

6）（单选）下列选项中属于销售 PDI 的是（　　）。

A. 商品车交付物流公司发运前进行的质量状态检查

B. 商品车交付最终客户前进行的车辆质量状态检查

C. 商品车送达经销商处，经销商进行车辆质量状态验收检查

D. 商品车出厂前厂家质检部进行的质量状态检查

7）请在下图的圆圈中，按照销售 PDI 顺序标注序号。

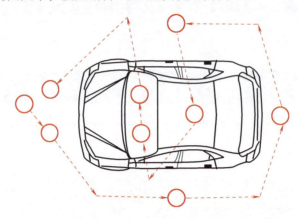

8）（判断）当 PDI 整体检查时，应检查车辆各个部位的漆面是否完好。（　　）

9）（判断）当检查前机舱时，由于玻璃水和冷却液可以后续再加入，所以不必检查。（　　）

10）（判断）对于北汽新能源纯电动汽车来说，备胎不属于必备随车物品，检查时应视情况而定。（　　）

11）请简述北汽新能源 EV160 新车交车条件。

三、制订计划　　成绩：

1）根据车辆维护保养要求，制订针对车辆玻璃水检查的作业计划。

作业流程		
序　号	作业项目	操作要点
计划审核	审核意见：	
		年　月　日　签字：

2）请根据维修作业计划，完成小组成员任务分工。

操 作 人		记 录 员	
监 护 人		展 示 员	
作业注意事项			

1）实训开始前应做好个人着装准备、场地准备和工具准备。
2）进入车内操作前，应先铺好维护保养三件套。
3）当多人作业，起动运转设备或机器时，必须事先发出起动操作信号，并确认安全后方可起动，并且机器设备运行时，身体及衣服应远离转动部件。
4）当整车实训时确保点火开关处于 LOCK 位置，操作另有要求除外。
5）当就车工作时，应施加驻车制动（检查该部件时除外），除非特定操作要求置于其他档位，否则应将档位置于 N 位。

检测设备、工具、材料			
序　号	名　称	数　量	清　点
			□已清点
			□已清点
			□已清点
			□已清点
			□已清点
			□已清点
			□已清点
			□已清点

四、计划实施　　成绩：

1）请完成纯电动汽车维修作业前检查及车辆防护，并记录信息。
① 维修作业前现场环境检查。

作业内容：

作业结果：

② 维修作业前防护用具检查。

作业内容：

作业结果：

③ 维修作业前实施车辆防护。

作业内容：
_____

作业结果：
_____

2) PDI 作业项目。

① 车辆整体检查		前风窗玻璃下方 VIN 码	□缺失　□字体不清　□号码错误
		3C 确认	□缺失　□松脱
		合格证/一致性证书	□缺失　□与实车不符
		遥控钥匙	□失效　□打不开门　□打不开行李箱
		防盗系统	□不报警　□报警声异常　□常响
		轮胎	□型号　□胎压　□无饰盖
		里程表	□超里程
② 在车辆前部检查	上部	前机舱盖	□油漆　□配合　□脏污　□凹凸　□打不开　□锁不住
		刮水器盖板	□损伤　□脏污　□配合
		刮水器	□损伤　□锈蚀　□位置不当
	中部	前灯	□损伤　□脏污　□配合　□不亮　□常亮　□水汽
		前格栅	□损伤　□配合　□快充口阻滞　□充电盖无回弹
	下部	前保险杠	□损伤　□配合　□变形　□色差
		雾灯	□损伤　□脏污　□不亮　□常亮
③ 在车辆左侧检查	上部	车顶	□油漆　□脏污　□凹凸　□饰条翘起
	中部	左翼子板	□油漆　□配合　□凹凸
		左车门	□油漆　□配合　□凹凸　□1/2 级锁　□开关力大　□开关异响
		车辆铭牌	□缺失　□字体不清　□号码错误
		轮胎气压标签	□缺失　□字体不清　□号码错误
		儿童锁	□功能失效
		左 A/B/C/D 柱	□油漆　□凹凸
		左后视镜	□损伤　□无法折叠　□异响　□无法调节
		前后门把手	□太重　□色差
		门上饰条	□损伤　□不贴合　□脏污
		密封条	□损伤　□不贴合　□脏污
		门内饰板	□损伤　□配合　□脏污
		左滑门	□油漆　□配合　□凹凸　□焊点　□1/2 级锁　□开关力大　□开关异响
		慢充口	□油漆　□配合　□打不开　□充电盖无回弹

项目二 电动汽车新车检查交付

④ 在车辆后部检查	外部	行李箱盖/后尾门	□油漆 □配合 □凹凸 □1/2 级锁 □开关力大 □维修标签 □无法打开 □无法关闭
		车后灯	□配合 □不亮 □常亮 □水汽
		后保险杠	□油漆 □配合 □变形 □色差
		徽标	□缺失 □不正 □翘起
		牌照板	□划伤 □松动
	内部	后盖内 VIN	□缺失 □字体不清 □号码错误
		行李箱地毯	□脏污 □不平整 □配合
		备胎	□缺失 □配置错
		充电线	□缺失 □配置错 □损伤
		工具包	□缺失 □损伤
		千斤顶	□缺失
		三角牌	□缺失 □损失
		灭火器	□缺失 □损失
⑤ 在车辆右侧检查	上部	车顶	□油漆 □脏污 □饰边翘起
	中部	右翼子板	□油漆 □配合 □凹凸
		右车门	□油漆 □配合 □凹凸 □焊点 □1/2 级锁 □开关力大 □开关异响
		儿童锁	□功能失效
		右 A/B/C/D 柱	□油漆 □脏污 □凹凸
		右后视镜	□损伤 □无法折叠 □异响 □无法调节
		前后门把手	□太重 □色差 □异响
		门上饰条	□损伤 □不贴合 □脏污
		密封条	□损伤 □不贴合 □脏污
		门内饰板	□损伤 □配合 □脏污
		右滑门	□油漆 □配合 □凹凸 □1/2 级锁 □开关力大 □开关异响 □焊点
⑥ 坐在后排座椅上检查	上部	车内顶衬	□脏污 □配合 □皱折
		上扶手	□脏污 □不回位
	前部	前座椅	□脏污 □褶皱
	左部	门窗玻璃	□无法升降 □异响 □阻滞 □操作力大
	下部	地毯（地板）	□脏污 □配合 □异物
		座椅	□脏污 □异响 □表面脏污 □缝线脱落 □选装错误 □成形不良 □线缝未对齐
		座椅调节	□不工作 □调解费力
		地板	□松动 □凹凸 □变形 □异物
	后部	座椅靠背	□脏污 □不工作 □调解费力
		头枕	□无法调节 □调解费力
		安全带	□不回位 □卡不上 □脏污 □无法调节 □调节费力
	侧部	车身	□焊点 □毛刺 □凹凸 □变形 □涂胶

⑦ 坐在主驾驶人座椅上检查	上部	车内顶衬	□脏污 □配合
		天窗问题	□配合 □无法开关 □开关自动回位 □阻滞
		左遮阳板	□脏污 □标签 □无法翻转 □配合 □镜面变形
		车内顶灯/阅读灯	□不亮 □常亮 □脱落 □表面 □配合
	前部	车内后视镜	□无法调节 □脱落 □脏污 □松动
		前风窗玻璃	□开裂 □划伤 □脏污 □畸变
		风窗玻璃喷水	□不工作 □异响 □喷水角度
		前/后档刮水器	□不工作 □异响 □刮不干净
		车窗玻璃	□无法升降 □异响 □阻滞 □防夹功能缺失
		仪表台左侧	□划伤 □配合 □脏污 □异物
		背光调节	□不工作 □无变化
		仪表指示	□不指示 □指示异常 □开关门报警 □档位指示
		灯光操作件	□阻滞 □灯光不亮
		警告灯	□不亮
		转向盘	□损伤 □脏污 □无法调节 □调节异响
		喇叭	□力重 □不响 □单音
		点烟器	□不工作 □不弹出 □缺失 □按不下去
		车载电源	□不工作 □不弹出 □没有 □无法打开 □无法关闭 □按不下去
		收音机	□无法开机 □无法收台 □操作困难
		DVD/CD 机	□无法进碟 □不读碟 □无法退碟 □换碟不正常 □不显示
		扬声器	□无声音 □声音异常 □共鸣声
		信息中心	□不显示 □显示错误 □无 GPS 定位
		空调系统	□不制冷 □不加热 □异响 □不够冷 □不够热 □出风口阻滞 □出风口脱落
		风扇/鼓风机	□不工作 □异响 □异味 □无法维持温度 □风向不正确
		风窗玻璃除霜除雾	□不工作
	下部	地毯问题	□脏污 □皱折 □异物
		座椅	□脏污 □异响 □缝线脱落 □选装错误 □线缝未对接
		座椅前后/上下调节	□不工作 □调节费力 □调节干涉
	后部	座椅靠背	□脏污 □不工作 □调解费力
		头枕	□无法调节 □调节费力
		安全带	□不回位 □污损 □无法调节 □调节费力
	右部	副仪表台	□脏污 □配合 □盖无法打开 □打开异响 □打开阻滞 □异物
		驻车手柄	□操纵力过大 □指示灯不亮 □指示灯常亮 □不回位

⑧ 坐在副驾驶人座椅上检查	上部	车内顶衬	□脏污 □配合
		右遮阳板	□脏污 □标签 □无法翻转 □配合 □镜面变形
		上扶手	□脏污 □不回位
	前部	右车窗玻璃	□无法升降 □异响 □阻滞 □防夹功能缺失
		仪表台右侧	□划伤 □配合 □脏污
		杂物箱检查	□无法开启 □无法关闭 □照明灯不亮 □照明灯常亮 □空调出风口无异物
	下部	文件袋	□缺失
		地毯问题	□脏污 □配合 □异物
		车身钢印 VIN	□缺失 □字体不清 □号码错误
		数据终端	□灯不亮
		座椅	□脏污 □异响 □材质 □缝线脱落 □线缝未对齐
		座椅前后调节	□不工作 □调节费力
	后部	座椅靠背	□脏污 □不工作 □调节费力
		头枕	□无法调节 □调节费力
		安全带	□不回位 □卡不上 □脏污 □无法调节 □调节费力
⑨ 检查车辆前机舱		前机舱盖内部 VIN	□缺失 □字体不清 □号码错误
		制动液	□液位不足 □液位过高 □渗漏
		冷却液	□液位不足 □液位过高 □渗漏
		洗涤液	□液位不足 □液位过高 □渗漏
		低压电池线	□松动
		加注盖	□缺失 □松动
		警告标签	□缺失 □不清晰 □损伤
		前机舱盖支撑杆	□卡不住 □损伤
		前机舱盖内部	□油漆

五、质量检查　　　　　　　　　　　成绩：

请实训指导教师检查本组作业结果，并针对实训过程出现的问题提出改进措施及建议。

序　号	评价标准	评价结果
1	PDI 作业前资料设备准备齐全	
2	安全、规范完成销售 PDI	
3	根据车型不同记录检查结果	
综合评价	☆ ☆ ☆ ☆	
综合评语（作业问题及改进建议）		

六、评价反馈　　　　　　　　　　成绩：

请根据自己在课堂中的实际表现进行自我反思和自我评价。

自我反思：_____

_____。

自我评价：_____

_____。

实训成绩单

项　目	评分标准	分　值	得　分
接收工作任务	明确工作任务，准确记录客户及车辆信息	5	
信息收集	掌握工作相关知识及操作要点	5	
制订计划	计划合理可行	10	
计划实施	操作前做好场地设备及材料工具的准备工作	5	
计划实施	能规范、准确完成车辆整体检查	8	
计划实施	能规范、准确完成车辆前部检查	8	
计划实施	能规范、准确完成车辆左侧检查	8	
计划实施	能规范、准确完成车辆后部检查	8	
计划实施	能规范、准确完成车辆右侧检查	8	
计划实施	能规范、准确完成车辆内饰及操作件功能检查	8	
计划实施	能规范、准确完成车辆前机舱检查	8	
计划实施	能在整个操作过程中规范操作，避免意外事故发生	5	
计划实施	能在操作结束后整理清洁场地	4	
质量检查	按照要求完成相应任务	5	
评价反馈	经验总结到位，合理评价	5	
得分（满分100）			

项目三 电动汽车高压部件绝缘检测

实训 高压部件绝缘检测

学院		专业	
姓名		学号	
小组成员		组长姓名	

一、接收工作任务	成绩:

　　客户王先生是北汽新能源 EV 系列一款车型的车主,今日来店做维护保养。王先生反映车辆偶尔报高压绝缘故障,希望维修技师能够重点检查车辆高压部件的绝缘情况。维修技师刘强接受了此项任务,对该车的高压部件及高压线束进行了外观检查和绝缘检测,最终诊断出故障所在并排除了故障。

二、信息收集	成绩:

　　1)电动汽车的电气系统通常分为_____和_____。
　　2)低压系统为车辆的_____、刮水器、收录机、电动座椅灯等车身电器提供电能,一般采用直流_____或_____电源。
　　3)电动及混动汽车高压系统主要由_____、_____、电机控制器和电机等电气设备组成,其工作电压一般在直流_____以上。
　　4)请查阅资料填写下图中各高压部件名称。

5) _____是电动汽车的核心，是纯电动汽车驱动能量的唯一来源，直接关系到电动汽车的续驶能力，也与电动汽车的安全性直接相关。

6)（判断）电机控制器可以将直流电转换为三相高压交流电输出至驱动电机，却不能将交流电再变回直流电。（　　）

7）北汽新能源 EV160 和 EV200 采用_____驱动电机，具有效率高、体积小、重量轻及可靠性高等优点。

8）_____将 220V 交流电转换为动力蓄电池的直流电，实现电池电量的补给。

9）_____将动力蓄电池的高压直流电转换为整车低压直流电，给整车低压用电系统供电及辅助蓄电池充电。

10）请查阅学习材料，填写下图中各高压线束的名称：

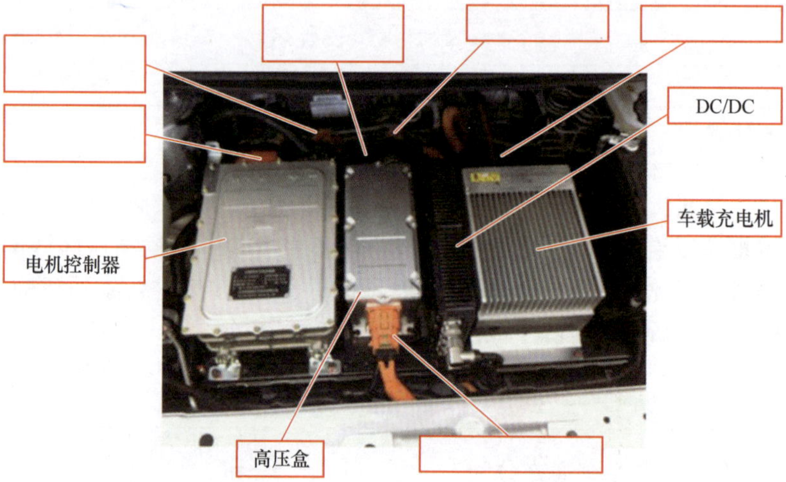

（图中标注：电机控制器、高压盒、DC/DC、车载充电机）

11）万用表绝缘测试只能在_____电路上进行。测试之前，确保测试电路或者电气设备已处于_____。

12）电动车的高压安全防护措施有：_____、_____、_____。

13）人体的安全电压低于_____，触电电流和持续时间乘积的最大值小于_____。

14）绝缘电阻除以电池的额定电压至少应该大于_____，最好是能确保大于_____。

三、制订计划　　　　　　　　　　　　　　　　成绩：

1）根据车辆维护保养要求，制订针对车辆高压部件检测的作业计划。

作业流程		
序　号	作业项目	操作要点

作业流程		
序　号	作业项目	操作要点
计划审核	审核意见： 　　　　　　　　　　　　　　　　　　　　　　年　月　日　签字：	

2）请根据维修作业计划，完成小组成员任务分工。

操 作 人		记 录 员	
监 护 人		展 示 员	
作业注意事项			

1）实训开始前应做好个人着装准备、场地准备和工具准备。
2）进入车内操作前，应先铺好维护保养三件套。
3）在进行前机舱操作之前，应先铺设翼子板防护垫。
4）当多人作业，起动运转设备或机器时，必须事先发出起动操作信号，并确认安全后方可起动，并且机器设备运行时，身体及衣服应远离转动部件。
5）当使用兆欧表时，应注意选择合适的量程，用完之后及时关闭，防止损坏。
6）在对高压部件或高压线束操作时，应做好绝缘防护措施，防止触电。
7）在拔下高压线束之前需要先将点火开关转到 LOCK 档，并断开辅助蓄电池。

检测设备、工具、材料			
序　号	名　称	数　量	清　点
			□已清点
			□已清点
			□已清点
			□已清点
			□已清点
			□已清点
			□已清点
			□已清点
			□已清点
			□已清点
			□已清点
			□已清点

四、计划实施	成绩：

1）请完成纯电动汽车维修作业前检查及车辆防护，并记录信息。

① 维修作业前现场环境检查。

作业内容：

作业结果：

② 维修作业前防护用具检查。

作业内容：

作业结果：

③ 维修作业前仪表工具检查。

作业内容：

作业结果：

④ 维修作业前实施车辆防护。

作业内容：

作业结果：

2）请完成整车高压断电操作。

1）关闭点火开关，断开辅助蓄电池负极。	钥匙保管人	
	辅助蓄电池负极拆卸工具大小	
	负极桩头绝缘处理方式	
2）拆卸检修开关，放置警示牌。	检修开关锁数	
	检修开关安全存放位置	
	放置警示牌	□是 □否

3）动力蓄电池正负极与车身绝缘电阻检测。

拔下高压盒端动力蓄电池输入线，将绝缘表黑表笔接于车身，红表笔逐个接动力蓄电池正负极端子。	正极绝缘电阻	针脚	____脚
	标准值：_____ 测量值：_____	绝缘故障	□是 □否
	负极绝缘电阻	针脚	____脚
	标准值：_____ 测量值：_____	绝缘故障	□是 □否
	注意事项		

4）车载充电机正、负极与车身绝缘检测。

拔掉高压盒端高压附件线束插头。将兆欧表黑表笔接于车身，红表笔逐个接高压附件线束上车载充电机的正负极针脚〔条件：环境温度为（23±2）℃和相对湿度为90%～95%时〕。	线束芯数	□8芯 □11芯	
	充电机电源正极	针脚	____脚
	标准值：_____ 测量值：_____	绝缘故障	□是 □否
	充电机电源负极	针脚	____脚
	标准值：_____ 测量值：_____	绝缘故障	□是 □否
	注意事项		

5）DC/DC 正负极与车身绝缘检测。

	线束芯数	□8 芯 □11 芯	
拔掉高压盒端高压附件线束插头。将兆欧表黑表笔接于车身，红表笔逐个接高压附件线束上 DC/DC 的正负极针脚。	DC/DC 电源正极	针脚	___脚
	标准值：_____ 测量值：_____	绝缘故障	□是 □否
	DC/DC 电源负极	针脚	___脚
	标准值：_____ 测量值：_____	绝缘故障	□是 □否
	注意事项		

6）空调压缩机正负极与车身绝缘检测。

	线束芯数	□8 芯 □11 芯	
拔掉高压盒端高压附件线束插头。将兆欧表黑表笔接于车身，红表笔逐个接高压附件线束上压缩机的正负极针脚（系统内含冷冻机油和制冷剂）。	压缩机电源正极	针脚	___脚
	标准值：_____ 测量值：_____	绝缘故障	□是 □否
	压缩机电源负极	针脚	___脚
	标准值：_____ 测量值：_____	绝缘故障	□是 □否
	注意事项		

7）PTC 正负极与车身绝缘检测。

	线束芯数	□8 芯 □11 芯	
拔掉高压盒端高压附件线束插头。将绝缘表黑表笔接于车身，红表笔逐个接高压盒高压附件线束插头的正负极。	PTC 电源正极	针脚	___脚
	标准值：_____ 测量值：_____	绝缘故障	□是 □否
	PTC 电源负极	针脚	___脚
	标准值：_____ 测量值：_____	绝缘故障	□是 □否
	注意事项		

8）电机控制器（MCU）、驱动电机正负极输入与车身绝缘检测。

拔掉高压盒电机控制器输入插头。将兆欧表黑表笔接于车身，红表笔逐个接电机控制器正负极端子。	电机控制器电源正极	针脚	___脚
	标准值：_____ 测量值：_____	绝缘故障	□是 □否
	电机控制器电源负极	针脚	___脚
	标准值：_____ 测量值：_____	绝缘故障	□是 □否
	注意事项		

9）高压盒正负极与车身绝缘检测。

拔掉高压盒上的三根高压线束。将兆欧表黑表笔接于车身，红表笔逐个接高压盒端子（动力蓄电池输入，驱动电机控制器输出）。	动力蓄电池高压电缆		□连接	□拔下
	电机控制器电缆		□连接	□拔下
	高压附件线束		□连接	□拔下
	动力蓄电池输入端	正极阻值	标准值：_____ 测量值：_____	
		负极阻值	标准值：_____ 测量值：_____	
		绝缘故障	□是 □否	
	电机控制器输出端	正极阻值	标准值：_____ 测量值：_____	
		负极阻值	标准值：_____ 测量值：_____	
		绝缘故障	□是 □否	
	注意事项			

10）高压线束与车身绝缘检测（因前面测量高压部件绝缘时，已经检测过四根高压线束，现在只测量快充线束的绝缘阻值即可）。

打开快充口，将兆欧表黑表笔接于车身，红表笔逐个接快充口正负极。	快充电源正极	针脚	___脚
	标准值：_____ 测量值：_____	绝缘故障	□是 □否
	快充电源负极	针脚	___脚
	标准值：_____ 测量值：_____	绝缘故障	□是 □否

五、质量检查　　　成绩：

请实训指导教师检查本组作业结果，并针对实训过程出现的问题提出改进措施及建议。

序　号	评价标准	评价结果
1	相关物品及资料交接齐全无误	
2	安全、规范完成维护保养工作	
3	对车辆各个高压部件进行绝缘检测	
4	根据绝缘检测结果判断车辆故障位置	
5	检查车况并在维修记录单签字	
综合评价		☆ ☆ ☆ ☆ ☆
综合评语 （作业问题及改进建议）		

六、评价反馈　　　成绩：

请根据自己在课堂中的实际表现进行自我反思和自我评价。

自我反思：_____
_____。

自我评价：_____
_____。

实训成绩单

项　目	评分标准	分　值	得　分
接收工作任务	明确工作任务，准确记录客户及车辆信息	5	
信息收集	掌握工作相关知识及操作要点	10	
制订计划	计划合理可行	10	
计划实施	操作前做好场地设备及材料工具的准备工作	5	
	能介绍纯电动汽车高压系统各组成部件的名称及功能	3	
	能根据维修手册识别各高压部件及线束的接口定义	5	
	能检测动力蓄电池正负极与车身绝缘电阻并判断是否存在故障	6	
	能检测车载充电机正负极绝缘电阻并判断是否存在故障	6	
	能检测 DC/DC 正负极绝缘电阻并判断是否存在故障	6	
	能检测空调压缩机正负极绝缘电阻并判断是否存在故障	6	
	能检测 PTC 正负极绝缘阻值并判断是否存在故障	6	
	能检测电机控制器、驱动电机正负极输入绝缘阻值并判断是否存在故障	6	
	能检测高压盒正负极绝缘阻值并判断是否存在故障	6	
	能在整个操作过程中规范操作，避免意外事故发生	5	
	能在操作结束后整理清洁场地	5	
质量检查	按照要求完成相应任务	5	
评价反馈	经验总结到位，合理评价	5	
	得分（满分100）		

项目四 电动汽车充电系统维护保养

实训 充电系统基本检查和维护

学院		专业	
姓名		学号	
小组成员		组长姓名	

一、接收工作任务　　　成绩：

客户王先生是北汽新能源 EV 系列一款车型的车主，今日来店做维护保养。王先生反映在充电时有时需要多次插拔充电枪才能充电。维修技师刘强接受了此项任务，重点对车辆充电系统进行了检查。

二、信息收集　　　成绩：

1) （单选）下列选项中不属于电动汽车对充电装置的要求的是（　　　）。
   A. 安全性　　　B. 使用方便　　　C. 成本经济　　　D. 效率高
   E. 外观漂亮　　F. 对供电电源污染要小

2) 电动汽车充电装置的分类有不同的方法。总体上可分为_____和_____。

3) 电动汽车充电方式主要有_____、_____两种。

4) 慢充系统主要由_____、_____、_____、_____、_____组成。当慢充充电时，来自慢充桩的_____经车载充电机整流滤波升压成动力蓄电池的_____。请查阅学习材料，补充下图中部件名称。

慢充系统构成

5）（多选）下列属于慢充充电的优点的是（　　）。
A. 效率高　　B. 充电器和安装成本较低
C. 可充分利用电力低谷时段进行充电　　D. 充电设施体积小可携带

6）快充系统主要由_____、_____、_____、_____、_____、_____组成。当快充充电时，快充桩给纯电动汽车提供_____，可以直接给动力蓄电池充电。请查阅学习材料，补充下图中部件名称。

快充系统构成

7）（判断）车载充电机保护功能齐全，具有过电压、欠电压、过电流、过热、短路、输出反接等保护功能。（　　）

8）（判断）车载充电机采用高频开关技术，使得充电机效率高、体积小、重量轻。（　　）

9）慢充线束是连接_____到_____之间的线束。

10）快充线束是连接_____到_____之间的线束。

11）请写出下列车载充电机指示灯含义及其与充电机工作状态的关系。
① POWER 灯：_____。
② CHARGE 灯：_____。
③ ERROR 灯：_____。
当充电正常时，_____和_____点亮。当起动 0.5min 后仍只有 POWER 灯亮时，有可能为电池_____。当_____点亮时，则说明充电系统出现异常。当充电灯都不亮时，检查充电桩以及充电线束及插接件。

12）请查阅学习材料，补充下图中接口定义。

13）请根据车载充电机的控制策略和工作流程给下列选项排序：_____。
① 电池断开继电器。
② 插上 220V 交流电源供电。
③ 蓄电池管理系统检测充电需求。
④ 蓄电池管理系统给车载充电机发送工作指令并闭合继电器。
⑤ 电池检测充电完成后，给车载充电机发送停止指令。
⑥ 低压唤醒整车控制系统。
⑦ 车载充电机停止工作。
⑧ 车载充电机开始工作，进行充电。

14）当电池继电器正常闭合，但充电机无输出电流时，应当：_____
_____。

15）DC/DC 变换器：将动力蓄电池的高压直流电转换为整车低压_____，给_____
_____及_____。它的输出电压是_____V，冷却方式为_____。

16）请根据 DC/DC 变换器实物标注。

17）请写出 DC/DC 变换器的工作流程。
① _____。
② _____。
③ _____。
④ _____。

三、制订计划	成绩：

1）根据车辆维护保养要求，制订针对充电系统基本检查的作业计划。

作业流程		
序　号	作业项目	操作要点
计划审核	审核意见： 　　　　　　　　　　　　　　　年　月　日　签字：	

2）请根据维修作业计划，完成小组成员任务分工。

操　作　人		记　录　员	
监　护　人		展　示　员	
作业注意事项			

1）实训开始前应做好个人着装准备、场地准备和工具准备。
2）进入车内操作前，应先铺好维护保养三件套。
3）在进行前机舱操作之前，应先铺设翼子板防护垫。
4）当多人作业，起动运转设备或机器时，必须事先发出起动操作信号，并确认安全后方可起动，并且机器设备运行时，身体及衣服应远离转动部件。
5）当使用万用表时应选择正确的档位和量程，并且在使用过后及时关闭。

检测设备、工具、材料			
序　号	名　称	数　量	清　点
			□已清点
			□已清点
			□已清点
			□已清点
			□已清点
			□已清点
			□已清点
			□已清点
			□已清点

四、计划实施　　　　　　　　　　　　　　　**成绩：**

1）请完成纯电动汽车维修作业前检查及车辆防护，并记录信息。

① 维修作业前现场环境检查。

作业内容:
_____

作业结果:
_____

② 维修作业前防护用具检查。

作业内容:
_____

作业结果:
_____

③ 维修作业前仪表工具检查。

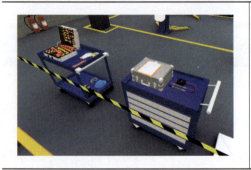

作业内容:
_____

作业结果:
_____

④ 维修作业前实施车辆防护。

作业内容:
_____

作业结果:
_____

2）请检查车载充电机工作状态。

充电枪状况	□插上充电枪 □拔下充电枪
当充电正常时，CHG 点亮指示灯	□POWER □RUN □FAULT

序号	故 障 现 象	可 能 原 因
1	起动 0.5min 后只有 POWER 灯亮	
2	FAULT 灯亮	
3	所有充电灯都不亮	

3）请检查慢充充电线。

充电线目测检查		
外观状态	□正常　□破损　□裂痕	
端子状态	□正常　□烧蚀　□损坏	
注意事项		

充电线导通测试			
充电线测量	选用仪表及档位	测 试 结 果	处 理 措 施
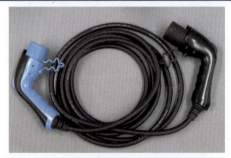 充电桩端充电枪　　车辆端充电枪 测量充电桩端充电枪的N脚与车辆端的N脚应导通	万用表 - _____	□导通 □不导通 □阻值小于 0.5Ω □阻值大于 0.5Ω	□更换充电线总成 □不更换
充电桩端充电枪　　车辆端充电枪 测量充电桩端充电枪的L脚与车辆端的L脚应导通	万用表 - _____	□导通 □不导通 □阻值小于 0.5Ω □阻值大于 0.5Ω	□更换充电线总成 □不更换

充电线导通测试				
充电线测量		选用仪表及档位	测 试 结 果	处 理 措 施
测量充电桩端充电枪的PE脚与车辆端的PE脚应导通 充电桩端充电枪　车辆端充电枪		万用表 -_____	□导通 □不导通 □阻值小于0.5Ω □阻值大于0.5Ω	□更换充电线总成 □不更换
测量充电桩端充电枪的CP脚与车辆端的CP脚应导通 充电桩端充电枪　车辆端充电枪		万用表 -_____	□导通 □不导通 □阻值小于0.5Ω □阻值大于0.5Ω	□更换充电线总成 □不更换
测量充电桩端充电枪的CC脚与PE脚应导通 充电桩端充电枪		万用表 -_____	□导通 □不导通 □阻值小于0.5Ω □阻值大于0.5Ω	□更换充电线总成 □不更换
测量充电线车辆端CC与PE电阻 车辆端充电枪		万用表 -_____	□阻值 $680 \times (1 \pm 3\%)\Omega$（16A） □阻值 $220 \times (1 \pm 3\%)\Omega$（32A） □以上均不是，实际____Ω	□更换充电线总成 □不更换
			注意事项：_____	

4）请检查充电口盖开关状态。

	充电口盖状态	□能正常开启和关闭 □不能正常开启和关闭

项目四　电动汽车充电系统维护保养

5）请检查 DC/DC 变换器功能。

	点火开关档位	☐LOCK　☐ACC　☐ON　☐START
第一步： 将点火开关置于 LOCK 档，使用专用万用表测量辅助蓄电池的电压。	万用表档位	☐电压档　☐电流档
	测量部位	☐辅助蓄电池正负极 ☐DC/DC 变换器低压输出端 ☐DC/DC 变换器高压输入端
	测量值	_____ （关闭车上的用电设备的情况下）
	造成所测值高于规定值时的可能原因	1）_____ 2）_____ 3）_____
	点火开关档位	☐LOCK　☐ACC　☐ON　☐START
第二步： 将点火开关置于 ON 档，再次测量，这时所测的这个电压值是 DC-DC 转换器输出的电压。	万用表档位	☐电压档　☐电流档
	测量部位	☐辅助蓄电池正负极 ☐DC/DC 变换器低压输出端 ☐DC/DC 变换器高压输入端
	测量值	_____ （关闭车上的用电设备的情况下）
	造成所测值低于规定值时的可能原因	1）_____ 2）_____ 3）_____

五、质量检查　　　　　　　　　　**成绩：**

请实训指导教师检查本组作业结果，并针对实训过程出现的问题提出改进措施及建议。

序　号	评价标准	评价结果
1	相关物品及资料交接齐全无误	
2	安全、规范完成维护保养工作	
3	根据用户用车情况对车辆充电系统外观及车载充电机功能进行检查	
4	使用万用表检查慢充充电线导通状态	
5	使用万用表检查 DC/DC 变换器的功能	
6	检查车况并在维修记录单签字	
综合评价		☆　☆　☆　☆　☆
综合评语 （作业问题及改进建议）		

41

六、评价反馈	成绩：

请根据自己在课堂中的实际表现进行自我反思和自我评价。

自我反思：_____
_____。

自我评价：_____
_____。

实训成绩单

项　目	评分标准	分　值	得　分
接收工作任务	明确工作任务，准确记录客户及车辆信息	5	
信息收集	掌握工作相关知识及操作要点	15	
制订计划	计划合理可行	10	
计划实施	操作前做好场地设备工具的准备工作	5	
	能说出车载充电机上指示灯的含义	5	
	能根据指示灯判断车载充电机的工作状态	10	
	能准确目测检查慢充充电线的外观及插头状态	5	
	能熟练运用万用表检测充电线的导通状态并做好记录	10	
	能识别仪表充电指示灯并判断充电口盖开关状态	8	
	能运用万用表检查 DC/DC 变换器功能并做好记录	14	
	能在操作结束后整理清洁场地	3	
质量检查	按照要求完成相应任务	5	
评价反馈	经验总结到位，合理评价	5	
	得分（满分100）		

项目五 电动汽车动力蓄电池系统维护保养

实训　动力蓄电池基本检查

学院		专业	
姓名		学号	
小组成员		组长姓名	

一、接收工作任务　　成绩：

客户王先生来到汽车服务有限公司做维护保养，王先生反映车辆最近经常在雨天行驶，仪表偶尔报动力蓄电池断开和动力蓄电池故障。维修技师刘强对车辆进行了检查，怀疑可能是动力蓄电池内部问题，于是对动力蓄电池整体进行了检查。

二、信息收集　　成绩：

1）动力蓄电池系统通常由_____、_____、_____及_____等部分构成。

2）动力蓄电池系统的功能为：_____
_____。

3）请标出下图中各结构的名称。

4）三元锂电池的"三元"指的是_____、_____或_____三种金属元素为核心元素的正极材料。

5）_____由若干个单体蓄电池并联而成，该组合额定电压与单体蓄电池的额定电压相等，是单体蓄电池在物理结构和电路上连接起来的最小分组，可作为一个单元替换。

6）北汽新能源 EV160 所用的 SK 电池模组由____个额定电压为_____的单体蓄电池并联为一个电池模块，由_____个电池模块串联组成整辆汽车的电池模组。

7）_____是电池保护和管理的核心部件，在动力蓄电池系统中，它的作用就相当于人的大脑。

8）电动汽车动力蓄电池主要性能指标包括：_____、_____、_____、_____、_____和_____等。

9）蓄电池管理系统的功能为：_____、_____、_____、_____、实时跟踪监测电池系统运行状态参数。

10）当拆卸动力蓄电池时，托举电池的设备名称是_____。

11）（判断）比功率是指单位质量或单位体积的电池释放的能量，单位为 Wh/kg 或 Wh/L。（　　）

12）荷电状态的英文简写为_____，_____。

13）在拆除动力蓄电池母线后，需要进行_____、_____操作。

14）动力蓄电池的正极通断由_____控制，负极由_____控制。

15）（单选）动力蓄电池功能丧失，请求其他控制器立即（1s 内）停止充电或放电。如果其他控制器在指定时间内未做出响应，蓄电池管理系统将在 2s 后主动停止充电或放电，此状态属于（　　）。

　　A. 一级故障　　　　　　　　B. 二级故障
　　C. 三级故障　　　　　　　　D. 四级故障

16）请查阅资料，填写下表中各参数。

型号	36800MP-Fe
形式	
额定容量/A·h	
标称电压/V	
常规车速/30min 最高车速/峰值功率电池放电倍率（C）	1（持续）/2.2（30min）/4（15s）
工作温度范围/℃	−20 ~ +55
80% DOD 循环次数	≥2000
电池类型	能量型
单体标称容量/A·h	6.8
单体标称电压/V	

17）动力蓄电池系统安全性提升的关键环节为：_____、_____、_____。

18）（多选）下列属于电池组热管理系统主要功能的是（   ）。
A. 电池温度的准确测量和监控　　B. 电池组温度过高时的有效散热和通风
C. 低温条件下的快速加热　　　　D. 有害气体产生时的有效通风
E. 保证电池组温度场的均匀分布

三、制订计划　　　　　　　　　　　　　成绩：

1）根据电动汽车维修要求，制订更换动力蓄电池内部基本检查的作业计划。

作业流程		
序　号	作业项目	操作要点
计划审核	审核意见： 年　月　日　签字：	

2）请根据维修作业计划，完成小组成员任务分工。

操　作　人		记　录　员	
监　护　人		展　示　员	
作业注意事项			

1）实训开始前应摘掉戒指、手表和项链，脱去宽松的衣服，换上实训工装，长头发应挽起固定于脑后。
2）当多人作业，起动运转设备或机器时，必须事先发出起动操作信号，并确认安全后方可起动，并且机器设备运行时，身体及衣服应远离转动部件。
3）按正确的方法使用状态良好的工具，使用后应立即清理。
4）使用汽车举升机时应严格按照举升机的操作规程进行作业。
5）整车实训时确保点火开关处于 LOCK 位置，操作另有要求除外。
6）当就车工作时，应施加驻车制动（检查该部件时除外），除非特定操作要求置于其他档位，否则应将档位置于 N 位。
7）当操作电池举升车时，请缓慢操作，扶好举升车托举平台。
8）使用仪表前，戴好安全防护设备，预先调整好仪表档位及量程，避免发生危险。
9）在拆卸和检查电池内部时，切勿轻易触碰，按照要求操作。

检测设备、工具、材料			
序 号	名 称	数 量	清 点
			□已清点
			□已清点
			□已清点
			□已清点
			□已清点
			□已清点
			□已清点
			□已清点
			□已清点
			□已清点
			□已清点
			□已清点

四、计划实施	成绩:

1) 车辆下电、举升后,检查动力蓄电池外观及插接件状态。

车辆下电	□是 □否
电池底部状态	□正常 □磕碰 □划伤 □损坏
高低压插件	□正常 □变形 □松脱 □过热 □损坏
动力蓄电池铭牌	□正常 □脏污 □缺失 □损坏
实施表面清洁	□是 □否 工具:＿＿＿

2) 按照流程拆下动力蓄电池包整体。

1) 升起动力蓄电池举升车至合适位置,并连接气鼓后锁止轮子。	□完成 □否	
2) 调整电池举升车,使之托住动力蓄电池底部。	支点与电池底部接触情况	□留有空隙 □轻微接触 □稍有受力
3) 拆卸动力蓄电池固定螺栓,缓慢降下动力蓄电池。	螺栓数量	
	注意事项	

3）将动力蓄电池移出工位，清除动力蓄电池外壳表面的灰尘。

1）打开举升车车轮锁止开关，将旧电池移出工位。	电池举升车气源连接状态	□连接 □断开	
	举升车车轮锁止个数	□1　□2 □3　□4	
2）清洁动力蓄电池外壳表面灰尘。	使用工具	□抹布 □清洗剂	
	清洁的原因	□清理尘土 □祛除水渍	

4）拆卸动力蓄电池外壳固定螺栓。

使用工具	
规格	
螺栓个数	螺栓：＿＿＿个　螺母：＿＿＿个
螺栓存放位置	□电池外壳上 □零件盒内 □衣服口袋

5）掀开动力蓄电池外壳，检查动力蓄电池模组连接线束是否完好。

1）拆除动力蓄电池外壳，检查密封条。	密封条状态	□完好　□破损 破损位置：＿＿＿
	密封条作用	
2）检查动力蓄电池各连接线束是否完好。	模组连接线	□完好 □破损
	BMS连接线	□完好 □破损
	电池控制盒连线	□完好 □破损

6）检查电池模组保护壳外观及固定情况。

	电池模块数量	
	单体蓄电池数量	
	3P3S 的含义	
	模组外观检查结果	□完好　□破损 损坏模组位置： _____

7）测量单体蓄电池电芯及模组电压。

	单体电芯电压/V	
	3P2S 模组电压/V	
	3P3S 模组电压/V	

8）测量电池预充电阻阻值是否符合要求。

	预充电阻功率/W	
	测量工具	
	量程	
	测得数据/Ω	
	预充电阻是否正常	□正常　□损坏

五、质量检查　　成绩：

请实训指导教师检查本组作业结果，并针对实训过程出现的问题提出改进措施及建议。

序　号	评价标准	评价结果
1	规范拆卸并清洁动力蓄电池包	
2	规范拆卸动力蓄电池上壳体	
3	安全检查电池模组间的连接线束	
4	目视检查模组外观	
5	准确测量每个模组电压，能判断是否正常	
6	测量预充电阻阻值	
综合评价	☆ ☆ ☆ ☆ ☆	
综合评语（作业问题及改进建议）		

六、评价反馈　　成绩：

请根据自己在课堂中的实际表现进行自我反思和自我评价。

自我反思：_____

_____。

自我评价：_____

_____。

实训成绩单

项　目	评分标准	分　值	得　分
接收工作任务	明确工作任务，理解任务在车辆维护保养中的重要程度	5	
信息收集	清楚动力蓄电池系统的结构组成	3	
	了解动力蓄电池预充电阻的作用	4	
	知道动力蓄电池正负继电器的控制方式	4	
制订计划	制订动力蓄电池拆卸及内部基本检查的作业计划	10	
	能协同小组人员安排任务分工	5	
	能在实施前准备好所需要的工具器材	5	
计划实施	当拆卸动力蓄电池、推移动力举升车时，配合默契，安全操作	4	
	使用抹布擦拭动力蓄电池外壳表面，进行清洁	5	
	分工配合，拆除动力蓄电池外壳固定螺栓	5	
	将拆除动力蓄电池外壳的螺栓分类存放到规定地方	8	
	检查动力蓄电池外壳边缘下方的密封胶条情况	8	
	检查BMS、电池控制盒、模组间连接线束	5	
	清楚动力蓄电池的结构组成，检查其外观情况	8	
	测量单体蓄电池、模组的电压，判断其是否正常	5	
	测量电池控制盒内预充电阻阻值，判断其是否正常	2	
质量检查	学生任务完成，操作过程规范	10	
评价反馈	学生能对自身表现情况进行客观评价	2	
	学生在任务实施过程中发现自身问题	2	
得分（满分100）			

项目六 电动汽车冷却系统维护保养

实训一 冷却系统基本检查

学院		专业	
姓名		学号	
小组成员		组长姓名	

一、接收工作任务　　成绩：

客户王先生今日来店做维护保养。据其反映近期偶尔有仪表报驱动电机过热的情况，希望在维护保养过程中，维修技师能重点对车辆的冷却系统进行检查。维修技师刘强将此项任务交给了实习生王磊，王磊对该车的冷却系统进行了基本检查，并使用冰点检测仪检测了其冷却液的浓度。

二、信息收集　　成绩：

1) 电动汽车冷却系统的功用是把大功率用电设备在工作过程中产生的_____及时散发出去，保证它们在_____状态下工作。

2) 纯电动汽车冷却系统的结构组成主要有：_____、_____、_____、_____、_____、_____、_____、_____等器件。

3) 请在下图中标注冷却系统各部件名称。

4) 散热器主要的作用是_____，冷却风扇的主要作用是_____，水泵的主要作用是_____，温度传感器的主要作用是_____。

5）下列选项中关于冷却系统电子风扇的说法不正确的是（　　）。
A. 电子风扇采用左右两档调速双风扇　　B. 电子风扇直接由蓄电池整体提供电源输入
C. 电子风扇直接由整车电源提供输入　　D. 电子风扇的运行受空调压力的影响

6）纯电动汽车的主要热源包括_____和_____。

7）冷却液是一种混合物，由_____、_____和_____三部分组成。

8）按照防冻剂类型的不同，可将冷却液分为_____、_____、_____，目前国内常使用的是_____。

9）冷却液的功能主要有：_____、_____、_____。

10）冷却液检查，一是检查外观，二是检查冷却液冰点。冷却液冰点应该_____，才可保证安全使用。

11）请查阅学习材料，在下图中标出冰点检测仪的各部件名称。

12）（单选）在冷却液处于冷状态测量时，罐内的冷却液的高度应保持在____。
A. MAX 和 MIN 范围内　　　　　B. MAX 之上
C. MIN 之下　　　　　　　　　　D. 以上都不对

13）（判断）冷却液中含有添加剂和抗泡沫添加剂，这些添加剂一般不会失效，因此冷却液不需要更换。（　　）

14）（判断）检查冷却液，因为不涉及高压部件，因此整车不需要下电。（　　）

15）（判断）如果添加冷却液后在短时间内液位有下降，则说明冷却系统可能有泄漏。（　　）

16）（判断）泼溅到车身上的冷却液不会损坏漆面。（　　）

17）（判断）如果发现冷却液大量损耗，则必须待各高压部件处于冷态时方可添加冷却液，以免损坏各高压部件。（　　）

18）（判断）随着电动汽车各高压部件温度的变化，冷却液储液灌中的液位不会随之变化。（　　）

19）（多选）检查冷却系统是否泄漏，需要检查的部位是_____，如果仍然没有发现泄漏，则要对冷却系统进行加压测试。
A. 散热器　　　B. 软管　　　　C. 加热器盖
D. 散热器旋塞　E. 水泵

20）（判断）冷却液在冷却系统中的流动主要依靠水泵的动力。（　　　）

三、制订计划　　　　　　　　　　　　　　成绩：

1）根据车辆维护保养要求，制订针对车辆冷却系统基本检查的作业计划。

作业流程		
序　号	作业项目	操作要点
计划审核	审核意见：　　　　　　　　　　　　　　　　　　　　　　　　　　　　　　　年　月　日　签字：	

2）请根据维修作业计划，完成小组成员任务分工。

操　作　人		记　录　员	
监　护　人		展　示　员	
作业注意事项			

1）实训开始前应做好个人着装准备、场地准备和工具准备。
2）进入车内操作前，应先铺好维护保养三件套。
3）在进行前机舱操作之前，应先铺设翼子板防护垫。
4）当多人作业，起动运转设备或机器时，必须事先发出起动操作信号，并确认安全后方可起动，并且机器设备运行时，身体及衣服应远离转动部件。
5）当使用冰点检测仪时仔细阅读使用说明，避免不当操作造成仪器的损坏和测量不准确。
6）在打开散热器密封盖时，可能有热蒸汽溢出。戴好护目镜并穿上防护服，以免伤害眼睛和烫伤。用抹布盖住密封盖并小心打开。
7）当冷却系统温度高于环境温度时，请勿打开散热器盖，否则热的蒸汽或沸腾的冷却液会从散热器中飞溅出来对人体造成伤害。
8）在加注时，应避免泼溅到车身上，冷却液会损坏漆面。

检测设备、工具、材料			
序　号	名　称	数　量	清　点
			□已清点
			□已清点
			□已清点
			□已清点
			□已清点
			□已清点
			□已清点
			□已清点
			□已清点
			□已清点
			□已清点
			□已清点

项目六　电动汽车冷却系统维护保养

四、计划实施	成绩：

1）请完成纯电动汽车维修作业前检查及车辆防护，并记录信息。

① 维修作业前现场环境检查。

作业内容：
_____

作业结果：
_____

② 维修作业前防护用具检查。

作业内容：
_____

作业结果：
_____

③ 维修作业前仪表工具检查。

作业内容：
_____

作业结果：
_____

④ 维修作业前实施车辆防护。

作业内容：
_____

作业结果：
_____

2) 请检查冷却液液位。

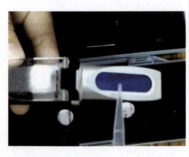

冷却液状态	冷却液液位	是否正常	颜色
□冷　□热	□高于 MAX 线 □MAX 和 MIN 线范围内 □低于 MIN 线	□是　□否	＿＿＿
注意事项	1) 如果冷却液液位低，则＿＿＿＿＿＿＿。 2) 如果添加冷却液后在短时间内液位有下降，则表示＿＿＿＿＿＿，应＿＿＿＿＿＿。		

3) 请检查冷却液冰点。

仪器设备	读取数值	是否需要更换
		□是　□否
规定冷却液含量	规定冷却液防冻温度	
	一般情况：＿＿＿＿ 极寒地区：＿＿＿＿	
操作步骤	1) 当使用冰点检测仪时，用柔软的绒布将盖板及棱镜表面擦拭干净。 2) 将待测液体用吸管滴于＿＿＿＿，合上盖板轻轻按压。 3) 将冰点检测仪对向＿＿＿＿，旋转目镜使视场内刻度线清晰。 4) 读出＿＿＿＿在标示板上相应标尺上的数值。	

4) 请检查冷却系统有无泄漏和损坏。

检查泄漏部位	检查结果	具体位置及故障描述
软管	□正常　□异常	＿＿＿＿＿
零部件接口	□正常　□异常	＿＿＿＿＿
散热器	□正常　□异常	＿＿＿＿＿
水泵	□正常　□异常	＿＿＿＿＿
风扇	□正常　□异常	＿＿＿＿＿

五、质量检查　　成绩：

请实训指导教师检查本组作业结果，并针对实训过程出现的问题提出改进措施及建议。

序　　号	评 价 标 准	评 价 结 果
1	相关物品及资料交接齐全无误	
2	安全、规范完成维护保养工作	
3	根据用户用车情况对车辆冷却液液位、冷却系统是否有泄漏损坏等情况进行检查	
4	使用冰点检测仪检测冷却液冰点	
5	检查车况并在维修记录单签字	
综合评价		☆ ☆ ☆ ☆ ☆
综合评语 （作业问题及改进建议）		

六、评价反馈　　　　　　　　　　成绩：

请根据自己在课堂中的实际表现进行自我反思和自我评价。

自我反思：_____。

自我评价：_____。

实训成绩单

项　　目	评分标准	分　　值	得　　分
接收工作任务	明确工作任务，准确记录客户及车辆信息	5	
信息收集	掌握工作相关知识及操作要点	15	
制订计划	计划合理可行	10	
计划实施	操作前做好场地设备及材料工具的准备工作	5	
	能说出冷却液加注的标准液位并判断是否需要添加	5	
	能说出冷却液的作用及车辆对其性能的要求	5	
	能正确使用冰点检测仪检测冷却液的冰点	8	
	能在使用后将冰点检测仪合理存放	5	
	能给车辆添加冷却液	6	
	能正确检查冷却系统是否有泄漏	6	
	能熟练清洁冷却系统的内部和外部	10	
	能在整个操作过程中规范操作，避免意外事故发生	5	
	能在操作结束后整理清洁场地	5	
质量检查	按照要求完成相应任务	5	
评价反馈	经验总结到位，合理评价	5	
得分（满分100）			

实训二　冷却液的更换

学院		专业	
姓名		学号	
小组成员		组长姓名	

一、接收工作任务　　　　　　　　　成绩：

客户王先生今日来店做维护保养，要求重点检查车辆的冷却系统。实习生王磊对该车的冷却系统进行了基本检查，在检查过程中发现冷却液需要更换，于是对该车的冷却系统进行了清洗，并更换了冷却液。

二、信息收集　　　　　　　　　　　成绩：

1) 透明的冷却液储液罐位于＿＿＿＿＿＿＿＿。
2) （多选）一般情况下，冷却液的更换周期为（　　）。
   A. 30 000～40 000km　　　　B. 20 000km 左右
   C. 3 年左右　　　　　　　　D. 4 年左右
3) 当打开散热器密封盖时，应戴好＿＿＿并穿上防护服，用＿＿＿盖住密封盖并小心打开，以免伤害眼睛和烫伤。
4) （判断）电动汽车冷却系统清洗的目的是排除旧冷却液，防止污染新加注的冷却液。（　　）
5) 请补充填写下列冷却系统内部清洗的方法步骤。
   ① 要确保主电机＿＿＿＿＿＿＿＿＿＿＿＿＿，取下散热器盖。
   ② 打开散热器底部的＿＿＿＿＿＿＿，排空旧的冷却液。
   ③ 关上＿＿＿＿＿＿并给冷却系统注入干净的水，并添加适量清洗剂。注意＿＿＿＿＿＿＿＿＿＿。
   ④ 起动主电机，空转主电机＿＿＿＿＿＿＿（或者按照清洁剂指示进行操作）。
   ⑤ 关掉主电机冷却＿＿＿＿＿＿＿，将散热器内液体排空。
   ⑥ 关上排放塞，再次给膨胀水箱注满清水并让主电机空转＿＿＿＿＿＿＿后排空，检查排出的水必须干净，否则＿＿＿＿＿＿＿＿。
6) 冷却液中含有重要的防腐剂，冷却液中有效成分应常年维持在＿＿＿＿＿＿＿＿左右。
7) 如果冷却液不慎与皮肤或眼睛接触，需立即用大量＿＿＿＿＿＿＿冲洗。
8) （单选）当清洗车辆冷却系统时，为达到最佳清洁效果，清洗时应保持各部件（　　）。
   A. 高于正常工作温度　　　　B. 达到正常工作温度

C. 低于正常工作温度　　　　　　　　D. 随便一个温度

9）（多选）当出现水泵异响时，可能的故障原因为（　　　）。

A. 冷却液杂质，导致电动水泵卡滞　　B. 泵轮破坏，造成水泵异响

C. 冷却液缺失，水泵空转　　　　　　D. 水泵高速运行，控制器或线束故障

E. 进风口堵塞

10）当电动水泵破损，泵盖/密封圈/泵轮破坏时，应_____。

三、制订计划　　　　　　　　　　　　成绩：

1）根据车辆维护保养要求，制订更换冷却液的作业计划。

作业流程		
序　号	作业项目	操作要点
计划审核	审核意见： 　　　　　　　　　　　　　年　月　日　签字：	

2）请根据维修作业计划，完成小组成员任务分工。

操　作　人		记　录　员	
监　护　人		展　示　员	

作业注意事项

1）实训开始前应做好个人着装准备、场地准备和工具准备。

2）进入车内操作前，应先铺好维护保养三件套。

3）在进行前机舱操作之前，应先铺设翼子板防护垫。

4）当多人作业，起动运转设备或机器时，必须事先发出起动操作信号，并确认安全后方可起动，并且机器设备运行时，身体及衣服应远离转动部件。

5）当使用冰点检测仪时仔细阅读使用说明，避免不当操作造成仪器的损坏和测量不准确。

6）在打开散热器密封盖时，可能有热蒸汽溢出。戴好护目镜并穿上防护服，以免伤害眼睛和烫伤。用抹布盖住密封盖并小心打开。

7）当冷却系统温度高于环境温度时，请勿打开散热器盖，否则热的蒸汽或沸腾的冷却液会从散热器中飞溅出来对人体造成伤害。

8）在加注时，应避免泼溅到车身上，冷却液会损坏漆面。

9）注意收集溢出或泄漏的防冻液。

检测设备、工具、材料			
序　号	名　称	数　量	清　点
			□已清点
			□已清点
			□已清点
			□已清点
			□已清点
			□已清点

检测设备、工具、材料				
序　号	名　称	数　量	清　点	
			□已清点	
			□已清点	
			□已清点	
			□已清点	
			□已清点	
			□已清点	
			□已清点	
			□已清点	

四、计划实施	成绩：

1）请完成纯电动汽车维修作业前检查及车辆防护，并记录信息。
① 维修作业前现场环境检查。

作业内容：

作业结果：

② 维修作业前防护用具检查。

作业内容：

作业结果：

③ 维修作业前仪表工具检查。

作业内容：

作业结果：

项目六　电动汽车冷却系统维护保养

④ 维修作业前实施车辆防护。

	作业内容： 作业结果：

2）请排放冷却液。

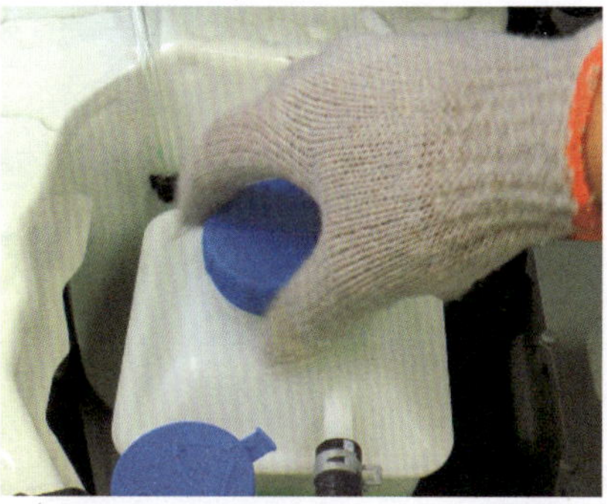

	1）打开储液罐密封盖。	更换周期	
		冷却液状态	□冷　□热
		注意事项	
	2）举升车辆并将废液收集盘置于车下。	车辆状态	
		举升高度	
		注意事项	
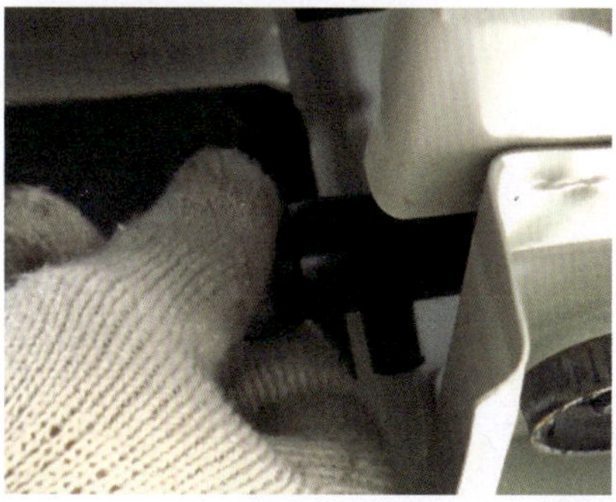	3）松开散热器冷却液排放螺栓。	螺栓旋转方向	
		注意事项	

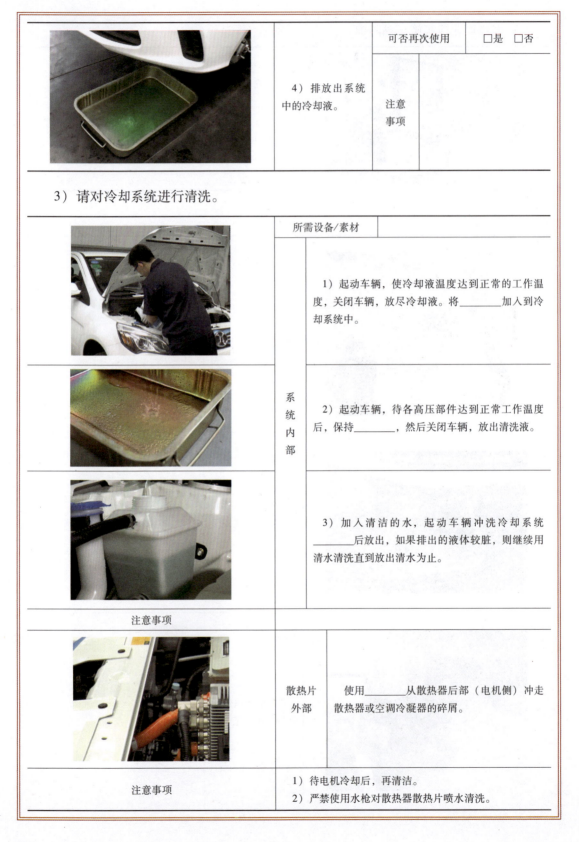

	可否再次使用	☐是 ☐否
4）排放出系统中的冷却液。	注意事项	

3）请对冷却系统进行清洗。

	所需设备/素材	
系统内部	1）起动车辆，使冷却液温度达到正常的工作温度，关闭车辆，放尽冷却液。将_____加入到冷却系统中。	
	2）起动车辆，待各高压部件达到正常工作温度后，保持_____，然后关闭车辆，放出清洗液。	
	3）加入清洁的水，起动车辆冲洗冷却系统_____后放出，如果排出的液体较脏，则继续用清水清洗直到放出清水为止。	
注意事项		
散热片外部	使用_____从散热器后部（电机侧）冲走散热器或空调冷凝器的碎屑。	
注意事项	1）待电机冷却后，再清洁。 2）严禁使用水枪对散热器散热片喷水清洗。	

4）请加注冷却液。

	1）加注冷却液。	可否混合使用	□是　□否
		北汽指定冷却液防冻温度	一般情况：_____ 极寒地区：_____
		加注截止位置	_____
	2）开启电动水泵，带动冷却系统循环，再向储液罐中补充冷却液。	电动水泵每次运行时间	_____
		可否用水代替冷却液	□是　□否
	3）重复加注冷却液，直至达到总加注量要求。然后向储液罐中加注至上限位置。	冷却液总加注量	
		冷却液上限	□MAX　□MIN

五、质量检查　　成绩：

请实训指导教师检查本组作业结果，并针对实训过程出现的问题提出改进措施及建议。

序　号	评价标准	评价结果
1	相关物品及资料交接齐全无误	
2	安全、规范完成维护保养工作	
3	根据车辆实际情况更换冷却液	
4	使用散热器清洗剂对冷却系统进行清洗	
5	检查车况并在维修记录单签字	
综合评价	☆　☆　☆　☆　☆	
综合评语 （作业问题及改进建议）		

六、评价反馈	成绩：

请根据自己在课堂中的实际表现进行自我反思和自我评价。

自我反思：_____
_____。

自我评价：_____
_____。

实训成绩单

项　目	评 分 标 准	分　值	得　分
接收工作任务	明确工作任务，准确记录客户及车辆信息	5	
信息收集	掌握工作相关知识及操作要点	15	
制订计划	计划合理可行	10	
计划实施	操作前做好场地设备及材料工具的准备工作	5	
	能说出冷却液定期更换的原因	5	
	能选择合适的冷却液	5	
	能按规定完成排放冷却液的操作	10	
	能熟练清洁冷却系统的内部和外部	10	
	能按照规定完成加注冷却液的操作	10	
	能在整个操作过程中规范操作，避免意外事故发生	10	
	能在操作结束后整理清洁场地	5	
质量检查	按照要求完成相应任务	5	
评价反馈	经验总结到位，合理评价	5	
	得分（满分100）		

项目七 电动汽车底盘维护保养

实训一 电动汽车底盘基本检查

学院		专业	
姓名		学号	
小组成员		组长姓名	

一、接收工作任务　　　成绩：

客户张先生来到汽车服务有限公司做维护保养，由于张先生经常在一些不平路段行驶，于是维修技师刘强对车辆的底盘进行了重点检查。

二、信息收集　　　成绩：

1）传统汽车底盘由_____、_____、_____和_____四部分组成。

2）（判断）汽车的传动系统一般由汽车的车架、车桥、车轮和悬架等组成。（　　）

3）（判断）电动汽车的底盘和传统汽车的底盘构成和作用基本一样，基本没有什么区别。（　　）

4）汽车的底盘工作环境恶劣，大多数零部件工作在裸露、高速旋转和频繁的工作状态下，容易受复杂外力、温度等的影响，关系到车辆正常运转和驾驶的_____、乘坐的_____以及_____。

5）_____的作用是弹性地连接车桥和车架，缓和行驶中车辆受到的冲击力，衰减由弹性系统引进的振动，使汽车在行驶过程中保持稳定，提高舒适性及操作稳定性。

6）（多选）下列选项中属于检查减振器时的项目是（　　）。

A. 检查减振弹簧上下座是否有松脱、开裂现象

B. 检查前后减振器是否有漏油

C. 检查防尘罩是否有裂纹

D. 检查油封是否有破坏

7）（判断）当检查底盘状况时，还需要检查驱动电机及减速器在前悬支架的紧固情况。（　　）

8）轿车一般_____为转向驱动轮，驱动轮毂与差速器之间通过_____相连接，其两端为_____。

9）转向机和万向节通过_____连接在一起。

63

10）在日常的洗车当中，注意不要用_____、_____等冲洗车身和底盘，否则会影响防锈效果并缩短防锈时间。

11）图中箭头指示的部件名称为：_____。

12）汽车悬架类型可分为：_____、_____。

三、制订计划　　　　　　　　　　　　　成绩：

1）根据电动汽车底盘检查的要求，制订作业计划。

作业流程		
序　号	作业项目	操作要点
计划审核	审核意见： 　　　　　　　　　　　　　　　　　　　　　　　　年　月　日　签字：	

2）请根据维修作业计划，完成小组成员任务分工。

操 作 人		记 录 员	
监 护 人		展 示 员	
作业注意事项			

1）实训开始前应摘掉戒指、手表和项链，脱去宽松的衣服，换上实训服，长头发应挽起固定于脑后。
2）当多人作业，起动运转设备或机器时，必须事先发出起动操作信号，并确认安全后方可起动，并且机器设备运行时，身体及衣服应远离转动部件。
3）按正确的方法使用状态良好的工具，使用后应立即清理。
4）当使用汽车举升机时应严格按照举升机的操作规程进行作业。
5）整车实训时确保点火开关处于 LOCK 位置，操作另有要求除外。
6）当就车工作时，应施加驻车制动（检查该部件时除外），除非特定操作要求置于其他档位，否则应将档位置于 N 位。
7）扭力扳手是在拧紧固件（螺栓、螺母）时测量其拧紧力矩的，绝不能去拆已拧紧的紧固件。不能敲打、磕碰或另作他用。
8）在扳手手柄上尽量使用拉力（力向上）而不要用推力（力向下）。要调整好操作姿势，防止操作失败时人员意外伤害。
9）使用时应严禁在尾部加套管或长柄，有专用配套附件（套管或长柄）除外。
10）使用前后，扳手应存放于专用盒内，不可随处放置。

检测设备、工具、材料			
序　号	名　称	数　量	清　　点
			□已清点
			□已清点
			□已清点
			□已清点
			□已清点
			□已清点
			□已清点
			□已清点

四、计划实施	成绩：

1）举升车辆，目测传动轴万向节防护套有无泄漏或损坏。

	1）检查万向节防护套的外观。	左前轮	□完好　□破损
		右前轮	□完好　□破损
		右后轮	□完好　□破损
		左后轮	□完好　□破损
	2）检查万向节是否有漏油现象。	左前轮	□无渗漏　□漏油
		右前轮	□无渗漏　□漏油
		右后轮	□无渗漏　□漏油
		左后轮	□无渗漏　□漏油
	3）检查万向节轴卡箍。	左前轮	□无渗漏　□漏油
		右前轮	□无渗漏　□漏油
		右后轮	□无渗漏　□漏油
		左后轮	□无渗漏　□漏油

2）目测车身底部及驱动电机是否有磕碰、损坏。

	1）检查动力蓄电池的外观及固定情况。	外观	☐无磕碰、凹陷 ☐有明显损伤
		固定螺栓紧固情况	☐正常　☐松动
			工具规格：_____
			拧紧力矩：____ N·m
	2）检查驱动电机的外观。	外观	☐无磕碰、凹陷 ☐有明显损伤

3）目测车厢底部、轮罩和边缘是否有磕碰、损坏。

	检查轮罩和边缘的外观。	左前轮	☐完好　☐损坏
		右前轮	☐完好　☐损坏
		右后轮	☐完好　☐损坏
		左后轮	☐完好　☐损坏
		是否需要维修	☐是　☐否

4）检查驱动电机及减速器前悬支架的固定螺栓，按照规定力矩拧紧。

 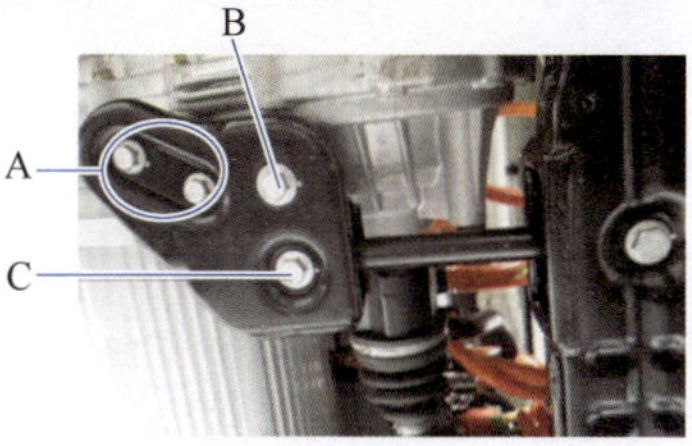 检查驱动电机及减速器前悬支架螺栓。	螺栓数量：_____
	工具规格及拧紧力矩：
	A：
	□正常　□松动
	B：
	□正常　□松动
	C：
	□正常　□松动

5）拆卸下护板，检查减速器是否漏油。

	 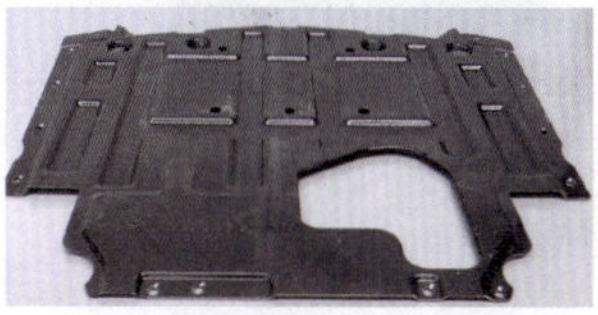 作用：_____
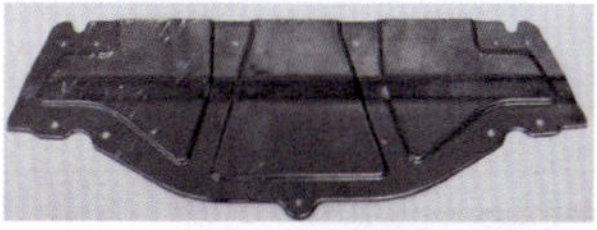	作用：_____
	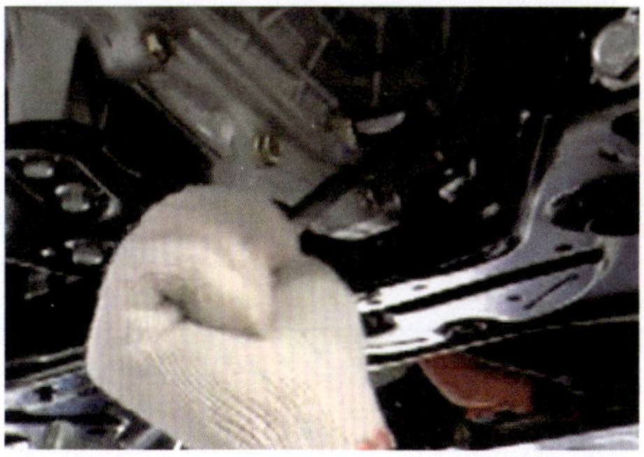  图中1、2的名称是： 1：_____ 2：_____
	是否有漏油现象：□是　□否 漏油位置：_____

6）检查车辆高压线缆保护套有无进水、老化和破损。

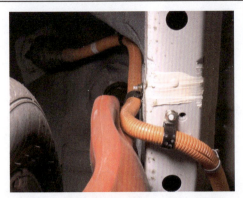

检查位置			
慢充线束	动力蓄电池母线	空调压缩机电源线	电机 UVW 三相线
检查结果			
□完好 □破损	□完好 □破损	□完好 □破损	□完好 □破损
处理结果：_____			

7）检查悬架支架与车身连接固定螺栓情况。

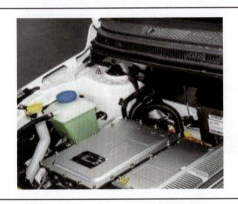

检查支架与车身悬置连接螺栓。	□正常　□松动
	工具规格：_____
	拧紧力矩：_____ N·m

8）按压车辆，观察车辆悬架避振情况。

左前轮	□偏软　□偏硬　□适中
右前轮	□偏软　□偏硬　□适中
右后轮	□偏软　□偏硬　□适中
左后轮	□偏软　□偏硬　□适中

五、质量检查	成绩：

请实训指导教师检查本组作业结果，并针对实训过程出现的问题提出改进措施及建议。

序　号	评价标准	评价结果
1	目测检查万向节防护套	
2	目测检查车身底部及驱动电机	
3	目测检查车厢底部、轮罩和边缘	
4	使用扭力扳手检查驱动电机及减速器前悬支架的固定螺栓	
5	目测检查减速器是否漏油	
6	目测检查高压线缆保护套	
7	使用扭力扳手检查悬架支架与车身连接的固定螺栓	
8	按压车辆，检查车辆悬架避振	
综合评价		☆ ☆ ☆ ☆ ☆
综合评语（作业问题及改进建议）		

六、评价反馈　　　　成绩：

请根据自己在课堂中的实际表现进行自我反思和自我评价。

自我反思：_____
_____。

自我评价：_____
_____。

实训成绩单

项　目	评分标准	分　值	得　分
接收工作任务	明确工作任务，理解任务在车辆维护保养中的重要程度	5	
信息收集	知道电动汽车底盘清洗及防护方法	5	
	熟悉电动汽车底盘万向节、半轴和悬架等结构	8	
	知道悬架的几种类型和应用车型	6	
制订计划	制订底盘检查的作业计划	10	
	能协同小组人员安排任务分工	5	
	能在实施前准备好所需要的工具器材	5	
计划实施	正确检查万向节防护套有无泄漏或损坏情况	8	
	正确检查电池及驱动电机的外观和固定情况	3	
	按规定力矩拧紧动力蓄电池固定螺栓	8	
	正确检查车厢底部、轮罩和边缘并确定其是否需要维修	2	
	按照规定力矩拧紧电机及减速器前悬支架的固定螺栓	8	
	了解减速器的几个油孔名称，完成减速器漏油检查	2	
	清楚底盘高压线缆检查项目，正确检查保护套有无进水、老化和破损，并能判断其是否需要修复或更换	5	
	按照规定力矩拧紧悬架支架与车身连接的固定螺栓	3	
	正确检查车辆悬架避振情况，并判断其是否需要维修	3	
质量检查	学生任务完成，操作过程规范	10	
评价反馈	学生能对自身表现情况进行客观评价	2	
	学生在任务实施过程中发现自身问题	2	
	得分（满分100）		

实训二　减速器油的更换

学院		专业	
姓名		学号	
小组成员		组长姓名	

一、接收工作任务　　　　　　　　　　成绩：

客户王先生来到汽车服务有限公司做维护保养，他反映最近总能听见电机附近有异响。维修技师刘强对车辆进行了检查，发现减速器油已经发黑，于是更换了减速器油。

二、信息收集　　　　　　　　　　成绩：

1）减速器的主要作用是_____，它通常是与_____合二为一，制作在一个壳体中。

2）（判断）减速器是把电机、内燃机或其他高速运转的动力通过其输入轴传递给其上的小齿轮，再通过小齿轮啮合输出轴上的大齿轮。（　　）

3）请在下图中标注各部件的名称。

4）北汽新能源 EV 系列电动车搭载的减速器总成型号为_____，它是一款_____，采用左右分箱、_____传动结构设计。

5）北汽新能源 EV 系列电动车搭载的减速器动力传动机械部分是依靠_____来实现减速增扭，其按功用和位置分为五大组件：_____、_____、_____、_____、_____。

6）请查阅相关资料，补充下表中北汽新能源 EV 系列电动车搭载的减速器的技术参数。

技术指标	技术参数	备注
最高输入转速	_____ r/min	—
转矩容量	≤260N·m	—
驱动方式		—

技术指标	技术参数	备 注
减速比	_____	—
驱车功能	无	—
重量	23kg	不含润滑油
润滑油规格	GL-475W-90 合成油	推荐嘉实多BOT（美孚1号LS）
设计寿命	10年/30万km	—

7）在下图中标注动力传输路线：驱动电机→输入轴→输入轴齿轮→中间轴齿轮→差速器半轴齿轮→左右半轴→左右车轮。

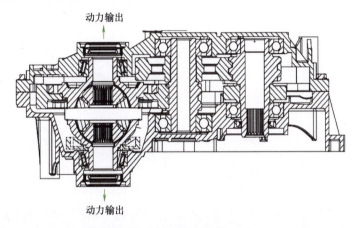

8）对于初次维护保养，变速器磨合后，建议_____km或_____个月更换润滑油。

9）（判断）对于变速器油的维护保养来说，超过8万km时则不需要再定期进行维护保养。（　　）

10）（多选）减速器产生渗漏油的主要原因有（　　）。
  A. 输入轴油封磨损或损坏　　　　B. 差速器油封磨损或损坏
  C. 油塞处漏油　　　　　　　　　D. 箱体破裂或油量过多

11）请查阅资料，填写针对下表中故障的对应处理措施。

序 号	故障分类	处理措施
1	输入轴油封磨损或损坏	
2	差速器油封磨损或损坏	
3	油塞处漏油	
4	箱体破裂	
5	油量过多由通气塞冒出	

12）请简述检查减速器油的方法。
  ① _____
  _____。

② _____
_____。

13）请简述减速器油的更换步骤。

① 在换油前，必须_____，水平提升车辆。

② 检查_____以及是否漏油，如有漏油，应及时予以处理。

③ 拆下_____，把废油排放干净。

④ 放油螺塞涂抹少量密封胶，并按规定力矩_____拧紧。

⑤ 拆下_____。

⑥ 按规定的型号、规定油量加注润滑油。

⑦ 油位螺塞、加油螺塞涂抹_____，并按规定力矩拧紧。

14）（多选）减速器产生噪声的主要原因有（   ）。

　A. 润滑油不足　　　　　　　　B. 轴承损坏或磨损

　C. 齿轮损坏或磨损　　　　　　D. 箱体磨损或破裂

15）（判断）当减速器无动力输出时，可以判定其损坏，直接更换即可，不要再继续排查故障。（   ）

三、制订计划　　　　　　　　　　　　　　成绩：

1）根据电动汽车维修更换减速器油的要求，制订作业计划。

作业流程		
序　　号	作业项目	操作要点
计划审核	审核意见： 　　　　　　　　　　　　　　　　　　年　月　日　签字：	

2）请根据维修作业计划，完成小组成员任务分工。

操　作　人		记　录　员	
监　护　人		展　示　员	
作业注意事项			

1）实训开始前应摘掉戒指、手表和项链，脱去宽松的衣服，换上实训服，长头发应挽起固定于脑后。

2）当多人作业，起动运转设备或机器时，必须事先发出起动操作信号，并确认安全后方可起动，并且机器设备运行时，身体及衣服应远离转动部件。

3）按正确的方法使用状态良好的工具，使用后应立即清理。

4）当使用汽车举升机时应严格按照举升机的操作规程进行作业。

5）整车实训时确保点火开关处于 LOCK 位置，操作另有要求除外。

6）当就车工作时，应施加驻车制动（检查该部件时除外），除非特定操作要求置于其他档位，否则应将档位置于 N/P 位。

7）当涂抹密封胶时，涂抹少量即可，勿涂抹过量。

8）减速器油位、加油、放油螺塞不可旋入过多，拧入到位即可。

项目七 电动汽车底盘维护保养

检测设备/工具/材料			
序　号	名　称	数　量	清　点
			☐已清点
			☐已清点
			☐已清点
			☐已清点
			☐已清点
			☐已清点
			☐已清点
			☐已清点
			☐已清点
			☐已清点

四、计划实施	成绩：

1）停车断电，水平举升车辆。

	1）将车辆停放到工位，关闭点火开关。	点火开关位置	☐START ☐ON ☐ACC ☐LOCK
	2）调整举升机支点。	举升机类型	
		支点数量	
		是否对称举升	☐是 ☐否
	3）水平提升车辆。	车辆高度	☐比维修人员高 ☐比维修人员低
		车辆升起后如何锁止	☐推动车辆，确保其无晃动 ☐按压举升机下降杆，直到车辆可靠锁住

2）检查减速器油位以及减速器是否漏油。

	是否有漏油痕迹	□有　□无
1）检查减速器是否有漏油痕迹，如有，应分析漏油原因，修理漏油部位。	漏油位置：	

放油螺塞　油位螺塞

	使用工具	
	规格	
	油位是否正常	□是　□否
2）拆下油位螺塞，检查油位。	更换减速器油的周期	

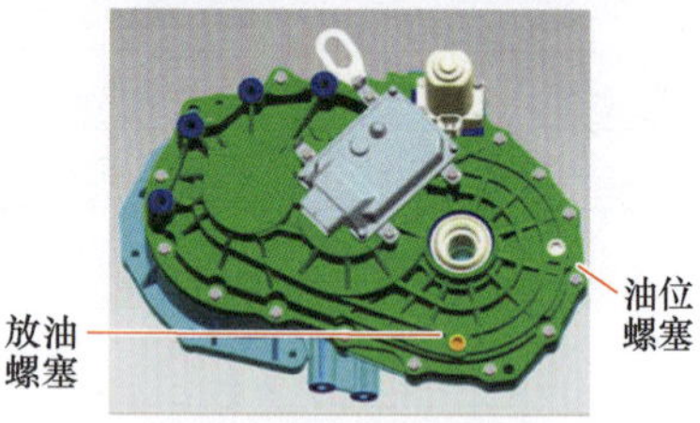

□新车行驶3000km或3个月时	□车辆使用奇数万公里数经检查需要更换时	□车辆使用偶数万公里数或经检查需要更换时

3）拆下放油螺塞，排放废油。

	使用工具	
1）旋松放油螺塞。	规格	

	使用设备	
	请写出图中数字代表的名称	
2）收集排放出的减速器油。	1： ____	11： ____
	2： ____	12： ____
	3： ____	13： ____
	4： ____	14： ____
	5： ____	15： ____
	6： ____	16： ____
	7： ____	17： ____
	8： ____	18： ____
	9： ____	19： ____
	10： ____	20： ____

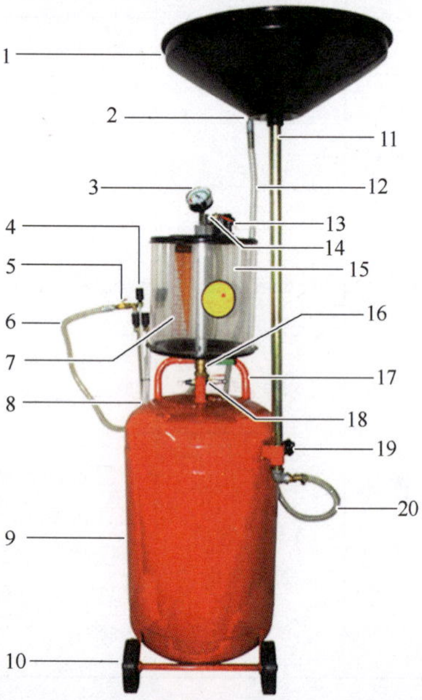

项目七　电动汽车底盘维护保养

4）待废油排完以后，将放油螺塞拧上。

		密封胶类型	
	1）放油螺塞涂抹少量密封胶。	密封胶颜色	
		密封胶容量	
		使用工具	
	2）按规定力矩拧紧。	规格	
		拧紧力矩	

5）加注新润滑油。

	左图中数字代表的名称
	1：_____
	2：_____
润滑油型号	
加注油量	
使用设备	

6）油位螺塞、加油螺塞涂抹少量密封胶，并按规定力矩拧紧。

		密封胶类型	
	1）油位螺塞、加油螺塞涂抹少量密封胶。	密封胶颜色	
		密封胶容量	
		使用工具	
	2）按规定力矩拧紧。	规格	
		拧紧力矩	

7）降下车辆，清扫场地。

	1）降下车辆，注意观察周围人员。	操作步骤： ①_____ ②_____ ③_____ ④_____
	2）按照7S管理制度清理场地。	7S管理的含义 ①_____ ②_____ ③_____ ④_____ ⑤_____ ⑥_____ ⑦_____

五、质量检查　　　　　　　　成绩：

请实训指导教师检查本组作业结果，并针对实训过程出现的问题提出改进措施及建议。

序　号	评价标准	评价结果
1	车辆举升安全平稳	
2	规范进行减速器漏油检查	
3	正确排放减速器废油	
4	正确加注减速器油	
5	作业完成后全面清扫场地	
综合评价	☆☆☆☆☆	
综合评语 （作业问题及改进建议）		

六、评价反馈　　　　　　　　成绩：

请根据自己在课堂中的实际表现进行自我反思和自我评价。

自我反思：_____
_____。

自我评价：_____
_____。

实训成绩单

项　　目	评 分 标 准	分　　值	得　　分
接收工作任务	明确工作任务，理解任务在车辆维护保养中的重要程度	5	
信息收集	清楚减速器油的作用及使用要求	3	
	知道润滑油型号数字和字母的含义	4	
	能描述出减速器油变质的原因	4	
制订计划	制订减速器油更换的作业计划	10	
	能协同小组人员安排任务分工	5	
	能在实施前准备好所需要的工具器材	5	
计划实施	进行操作前准备好需要使用的工具设备	4	
	举升车辆前务必关闭点火开关，举升机支点调整到位	5	
	正确检查减速器是否有漏油，使用工具拆卸油位螺塞	5	
	正确拆除减速器放油螺塞，使用专用设备收集废液	8	
	涂抹适量密封胶在放油螺塞的合适位置	8	
	使用规定力矩将放油螺塞拧入	5	
	正确操作齿轮油加注器缓慢加注规定型号的齿轮油	8	
	规范涂抹密封胶，按照规定力矩拧入加油、油位螺塞	5	
	操作完成后，按照7S管理制度清理现场	2	
质量检查	学生任务完成，操作过程规范	10	
评价反馈	学生能对自身表现情况进行客观评价	2	
	学生在任务实施过程中发现自身问题	2	
得分（满分100）			

项目八 电动汽车制动系统维护保养

实训一 电动汽车制动系统基本检查

学院		专业	
姓名		学号	
小组成员		组长姓名	

一、接收工作任务　　成绩：

客户王先生是北汽新能源 EV200 的车主，今日来店做 B 级维护保养。王先生反映最近在踩制动时感觉比较硬，维修技师刘强着重对制动系统进行了检查。

二、信息收集　　成绩：

1）行车制动装置的功用是：_____。
而停车制动装置的功用是：_____。
2）北汽新能源 EV200 的制动系统类型为：_____。
3）（多选）下列属于电动真空助力制动系统主要组成部分的是（　　）。
　A. 供能装置　　　　　　　　B. 控制装置
　C. 传动装置　　　　　　　　D. 制动器
4）请识别并标出下图中制动器的名称。

5）请标注下图中鼓式制动器的结构名称。

6）请标注下图中盘式制动器的结构名称。

7）请标注下图中驻车制动器的结构名称。

8）制动系统需要检查维护的有_____、_____、_____、_____、_____等部件。

9）请简述电动真空助力系统的工作过程。

10）请识别并填写下列真空助力器的状态名称。

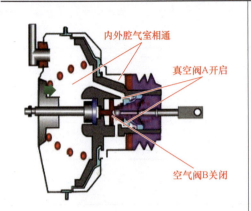

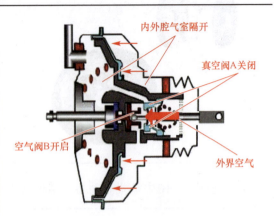

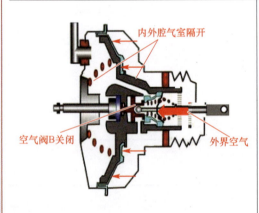

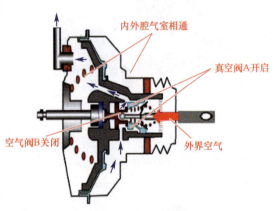

11）北汽新能源 EV200 制动的踏板自由行程应为总行程的_____，当自由行程不符合要求时，可松开总泵推杆的_____，拧动推杆，通过改变其长度进行调整。调整完毕后，再拧紧锁紧螺母。

12）制动器摩擦片检查及更换标准：盘式制动器：摩擦片磨损极限厚度（不计背板厚度）：_____，制动盘极限厚度：_____。

鼓式制动器：摩擦片有效厚度（不计背板厚度）：_____，磨损极限厚度（不计背板厚度）：_____，制动鼓摩擦表面如果凹槽过深，或制动鼓呈椭圆，必须与蹄片一起更换。

13）当检查驻车制动器时，手柄的有效工作点为整个行程的_____%，棘轮的响声为_____响。

14）请根据图片识别北汽新能源 EV200 所搭载轮胎规格并填写技术参数。

项目八　电动汽车制动系统维护保养

轮胎规格	185/65 R14	是否是子午线轮胎	是
胎宽	_____	扁平比	_____%
直径	_____	载重系数	_____
轮胎标准气压	230kPa	螺栓拧紧力矩	_____N·m

15）请简述车辆轮胎花纹深度尺的使用方法。

① 使用前_____置于平板上，轻推尺身，使测头与平板接触，置零。

② 当测量时轻推尺身，使测头_____，并稍微滑动几下，避免花纹沟内的磨耗标记影响测量结果。

③ 读取显示屏上的示数，反复操作测得一组数值，从中得出_____。

16）ABS 主要由_____、_____、_____和_____等部分组成。

17）请标注下图中制动系统的结构。

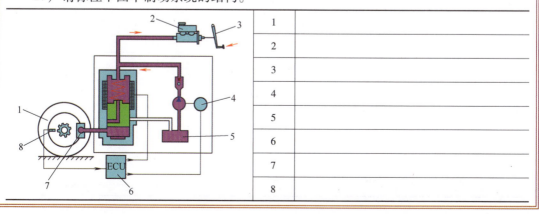

1	
2	
3	
4	
5	
6	
7	
8	

81

三、制订计划　　　　　　　　　　　　　成绩：

1）根据车辆维护保养要求，制订制动系统基本检查的作业计划。

作业流程		
序　号	作业项目	操作要点

计划审核	审核意见： 年　月　日　签字：	

2）请根据维修作业计划，完成小组成员任务分工。

操 作 人		记 录 员	
监 护 人		展 示 员	

作业注意事项

1）实训开始前应做好个人着装准备、场地准备和工具准备。
2）进入车内操作前，应先铺好维护保养三件套。
3）在进行前机舱操作之前，应先铺设翼子板防护垫。
4）当多人作业，起动运转设备或机器时，必须事先发出起动操作信号，并确认安全后方可起动，并且机器设备运行时，身体及衣服应远离转动部件。
5）当使用万用表时应选择正确的档位和量程，并且在使用过后及时关闭。
6）当检查前机舱线束及插接件时需要做好绝缘防护准备，并配有操作监护人。

检测设备、工具、材料			
序　号	名　称	数　量	清　点
			□已清点
			□已清点
			□已清点
			□已清点
			□已清点
			□已清点
			□已清点
			□已清点
			□已清点
			□已清点
			□已清点
			□已清点
			□已清点
			□已清点

项目八　电动汽车制动系统维护保养

四、计划实施	成绩：

1）请完成纯电动汽车维修作业前检查及车辆防护，并记录信息。

① 维修作业前现场环境检查。

作业内容：
_____

作业结果：
_____

② 维修作业前防护用具检查。

作业内容：
_____

作业结果：
_____

③ 维修作业前仪表工具检查。

作业内容：
_____

作业结果：
_____

④ 维修作业前实施车辆防护。

作业内容：
_____

作业结果：
_____

83

2）请检查制动液。

制动液位	□高于 MAX 线 □低于 MIN 线 □位于 MAX 和 MIN 线范围内
是否正常	□正常　□缺少需添加
制动液液位与摩擦片磨损的关系是什么？	
若制动液液位低于 MIN 线，应当如何处理？	

3）检查制动系统管路是否泄漏。

① 检查制动软管接头。

检查部位	是否有泄漏
制动真空泵与软管连接处	□是　□否
制动真空罐与软管连接处	□是　□否
检查要点	
注意事项	

② 检查制动装置是否有泄漏和损坏。

需要检查的条件	如果液位已降至 MIN 之下，则必须在添加制动液之前检查是否有泄漏。
检查部件	是否有泄漏或损坏
制动总泵	□是　□否
真空助力器	□是　□否

4）检查轮胎状态。

4）检查轮胎胎压。	左前	_____kPa	□更换
	左后	_____kPa	□更换
	右后	_____kPa	□更换
	右前	_____kPa	□更换

5）检查前后制动器状态。

盘式摩擦片厚度（前轮）	使用工具	
	盘式摩擦片厚度	有效厚度：_____
		极限厚度：_____（不计背板）
		测量厚度：_____（不计背板）
	是否需要更换	□是　□否
制动盘（前轮）	制动盘厚度	极限厚度：_____（不计背板）
	制动盘更换频率	通常，当更换_____次制动片时，需要对制动盘一同进行更换。
	是否需要更换	□是　□否
鼓式摩擦片厚度（后轮）	鼓式摩擦片厚度	有效厚度：_____（不计背板）
		极限厚度：_____（不计背板）
		测量厚度：_____（不计背板）
	是否需要更换	□是　□否

项目八　电动汽车制动系统维护保养

6）检查并调整驻车制动器。

① 检查驻车制动器。

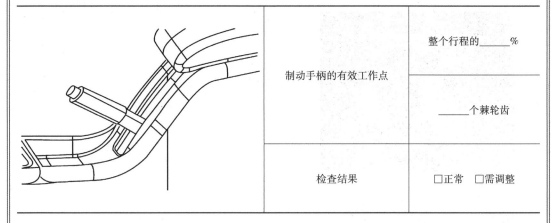

制动手柄的有效工作点	整个行程的_____% _____个棘轮齿
检查结果	□正常　□需调整

② 驻车制动器调整。

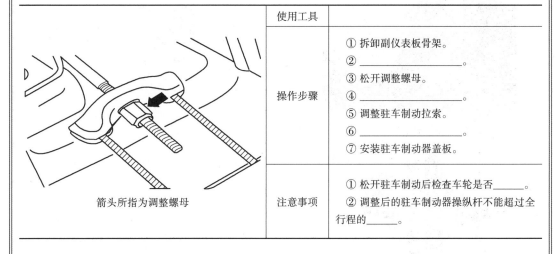

箭头所指为调整螺母

使用工具	
操作步骤	① 拆卸副仪表板骨架。 ② _____。 ③ 松开调整螺母。 ④ _____。 ⑤ 调整驻车制动拉索。 ⑥ _____。 ⑦ 安装驻车制动器盖板。
注意事项	① 松开驻车制动后检查车轮是否_____。 ② 调整后的驻车制动器操纵杆不能超过全行程的_____。

7）检查制动踏板自由行程。

制动踏板标准自由行程	
测量结果	□正常　□过大　□过小
自由行程过大的影响	
自由行程过小的影响	

8）检查真空泵和控制器的功能。

	1）车辆静止状态下，完全踩下制动踏板，真空泵应正常起动。	点火开关	□LOCK □ACC □ON □START
		仪表状态	
		踩踏制动踏板次数	_____次
		真空度到达设定值时	电机应_____
	2）制动真空泵运转一定时间后，观察真空泵有无异响、异味及真空泵控制器插接件及连接线无变形发热。	运转时间	
		运转次数	
		真空泵	□正常 □异响 □异味
		插接件	□正常 □变形 □发热
1—助力器 2—单向阀 3—制动真空管路		连接线	□正常 □变形 □发热

故障判断：
1）如果真空泵出现异响、异味，可能是由于_____。
2）如果真空泵出现故障，可导致_____。

五、质量检查　　　　　　　　　　　成绩：

请实训指导教师检查本组作业结果，并针对实训过程出现的问题提出改进措施及建议。

序　号	评 价 标 准	评 价 结 果
1	相关物品及资料交接齐全无误	
2	安全、规范完成维护保养工作	
3	根据用户用车情况对车辆制动系统进行检查和调整	
4	正确判断制动液、制动盘和摩擦片是否需要更换	
5	检查车况并在维修记录单上签字	
综合评价	☆ ☆ ☆ ☆ ☆	
综合评语 （作业问题及改进建议）		

六、评价反馈　　　　　成绩：

请根据自己在课堂中的实际表现进行自我反思和自我评价。

自我反思：_____
_____。

自我评价：_____
_____。

实训成绩单

项　　目	评分标准	分　　值	得　　分
接收工作任务	明确工作任务，准确记录客户及车辆信息	5	
信息收集	掌握工作相关知识及操作要点	13	
制订计划	计划合理可行	10	
计划实施	检查操作前的场地、工具等准备工作	6	
	正确使用举升机安全规范举升车辆	5	
	检查制动液位是否符合要求	3	
	检查制动系统管路及装置是否有泄漏和损坏	7	
	检查轮胎外观、胎压和胎纹是否正常	8	
	检查前后制动摩擦片的厚度及制动盘	10	
	检查并调整驻车制动器	10	
	检查并调整制动踏板自由行程	8	
	检查制动真空泵、控制器的功能	5	
质量检查	按照要求完成相应任务	5	
评价反馈	经验总结到位，合理评价	5	
得分（满分100）			

实训二　制动液的更换

学院		专业	
姓名		学号	
小组成员		组长姓名	

一、接收工作任务　　　　　　　　成绩：

　　客户王先生是北汽新能源 EV 系列轿车车主，今日来店做 B 级维护保养。检查过程中发现客户车辆的制动液已经变质，经客户同意后，更换车辆制动液。

二、信息收集　　　　　　　　　　成绩：

　　1）在汽车液压制动系统中的液体称为_____，是制动系统制动不可缺少的部分。

　　2）制动液的基本性能要求：

① 高温抗气阻性，制动液的沸点应在_____℃以上。

② 应有良好的运动黏度和_____。

③ 有一定的_____，不能因为吸水产生分层和沉淀。

④ 当两种制动液混合时，应能_____，不产生_____。

⑤ 不侵蚀金属和橡胶部件，化学性质为_____。

⑥ 长期储存和使用，_____。

　　3）制动液的选用原则：

① _____。

② _____。

③ _____。

④ _____。

　　4）（判断）对于制动液，如果是互溶性较好，标明能混用或可替代的品牌，使用中也可能引起故障，因此也不能长期使用。（　　）

　　5）制动液失效的原因为：_____
_____。

　　6）制动液中只要被吸入的水分达到_____%，就需要更换新的制动液了。

　　7）制动液检测笔的指示灯含义：

绿：_____。

绿/黄：_____。

绿/黄/黄：_____。

绿/黄/黄/红：_____。

绿/黄/黄/红/红：_____。

8）（多选）下列选项中属于制动液的更换条件的是（　　）。

　　A. 车辆正常行驶 40 000km　　　B. 制动液有杂质或沉淀物

　　C. 连续使用两年　　　　　　　　D. 出现制动效能降低或制动踏板回位滞后

　　E. 当冬季制动效果下降时

9）（判断）更换制动液前要检查制动装置是否有泄漏和损坏，检测制动总泵、真空助力器、制动器、油管等部件应无渗漏和损坏。（　　）

10）（单选）下列不属于更换制动液时所需要的专用工具和维修设备的是（　　）。

　　A. 制动液加注及排气装置　　　　B. 排气设备套件

　　C. 制动踏板加载装置　　　　　　D. 油管扳手

　　E. 绝缘扳手

11）（判断）制动液有毒有腐蚀性，因此不允许与皮肤、车辆油漆及其他零件表面接触。如果制动液溢出，要用大量的清水冲洗。（　　）

12）制动液更换完成后，检测踏板压力和制动踏板的自由行程，自由行程应为踏板行程最大值的_____。

13）（多选）制动液根据成分分类，可主要分为（　　）。

　　A. 醇型　　　　　　　　　　　　B. 矿物油型

　　C. 合成型　　　　　　　　　　　D. 复合型

14）如何排放制动系统中的空气？

_____

_____

_____

_____

15）根据美国石油协会规定，制动液分为_____、_____和_____三种质量级别。

16）我国按使用工况温度和黏度要求的不同，将合成制动液分为_____、_____、_____、_____四个级别。序号越大，其平衡回流沸点_____，高温抗气阻性_____，行车制动安全性_____。

17）请查阅资料，填写下表中我国汽车制动液级别与国外汽车制动液级别的对应关系。

序号	质量标准	质量级别				
		醇醚型	硼酸酯型	硼酸酯型	硅酮型	硼酸酯型
1	美国 FMVSS No. 116	DOT3	DOT4	DOT5.1	DOT5	—
2	日本 JIS K 2233	BF-3	BF-4	BF-5	—	BF-6
3	中国 GB 12981—2012				—	HZY6

三、制订计划　　　　　　　　　　　　　　　成绩：

1）根据车辆维护保养要求，制订更换制动液的作业计划。

作业流程		
序　号	作业项目	操作要点

| 计划审核 | 审核意见：

　　　　　　　　　　　　　　　　　　　　　年　月　日　签字： ||

2）请根据维修作业计划，完成小组成员任务分工。

操 作 人		记 录 员	
监 护 人		展 示 员	
作业注意事项			

1）实训开始前应做好个人着装准备、场地准备和工具准备。
2）进入车内操作前，应先铺好维护保养三件套。
3）在进行前机舱操作之前，应先铺设翼子板防护垫。
4）当多人作业，起动运转设备或机器时，必须事先发出起动操作信号，并确认安全后方可起动，并且机器设备运行时，身体及衣服应远离转动部件。
5）当使用万用表时应选择正确的档位和量程，并且在使用过后及时关闭。
6）当检查前机舱线束及插接件时需要做好绝缘防护准备，并配有操作监护人。

检测设备、工具、材料			
序　号	名　称	数　量	清　点
			□已清点
			□已清点
			□已清点
			□已清点
			□已清点
			□已清点
			□已清点
			□已清点
			□已清点
			□已清点
			□已清点

四、计划实施	成绩：

1）请完成纯电动汽车维修作业前检查及车辆防护，并记录信息。

① 维修作业前现场环境检查。

作业内容：
_____

作业结果：
_____

② 维修作业前防护用具检查。

作业内容：
_____

作业结果：
_____

③ 维修作业前仪表工具检查。

作业内容：
_____

作业结果：
_____

④ 维修作业前实施车辆防护。

作业内容：
_____

作业结果：
_____

2）检查制动液含水量。

	使用工具	
	原理	
制动液含水量检测结果	☐绿	自身电池 OK，即制动液中_____。
	☐绿/黄	制动液中含水量低于_____%，制动液性能好，可放心使用。
	☐绿/黄/黄	制动液中含水量约_____%，制动液可继续使用。
	☐绿/黄/黄/红	制动液中含水量约_____%，建议更换制动液。
	☐绿/黄/黄/红/红	制动液中含水量至少_____%，需立刻更换。
注意事项		

3）总泵制动液回收。

	1）从制动液储液罐上拧下密封盖，拆下过滤网。	注意事项
	2）从制动液储液罐中抽吸尽可能多的制动液。	设备
		注意事项
	3）将制动踏板加载装置放到驾驶人座椅和制动踏板之间，并预紧。	

	4）重复上述步骤回收其他轮缸制动液。	轮缸制动液回收顺序	
		每缸的制动液排放量	左前：＿＿＿L 右前：＿＿＿L 左后：＿＿＿L 右后：＿＿＿L
	注意事项		

6）制动系统排放空气（注：此步骤为人工排气时两人配合的操作方法，当采用专用加注设备时不需要此步骤）。

	点火开关位置	□LOCK □ACC □ON □START
	工具材料	
	排气螺栓力矩	
	轮缸排气顺序	

车内外人员操作	
注意事项	1）在两人操作过程中，相互指令要简洁明确，避免操作失误。 2）当补充制动液时，液量不得超过上限（MAX）刻线。制动液不能与其他类型混用。 3）在进行排气作业后，应注意拧紧储液罐盖，尽量缩短制动液接触空气的时间，以防制动液接触空气，吸收空气中的水分，降低制动液性能。

7）制动性能试验。

	1）确认各制动管路无泄漏。	□正常 □泄漏
	2）安装车轮，并旋入固定螺栓。	□完成
	车轮状态	□均固定不转动 □有的能够转动
	3）踩住制动踏板并保持制动位置，用力转动前后车轮。	
	检查结果	□正常 □异常
	注意事项	

项目八 电动汽车制动系统维护保养

	4）放松制动踏板，转动前后车轮。	车轮状态	□有的固定不转动 □均能转动自如
		检查结果	□正常 □异常
	5）将车轮固定螺栓按照规定力矩拧紧。	选用工具	
		固定螺栓力矩	

8）制动性能路试。

 	路面选择	□平坦干燥 □崎岖潮湿 □水泥路面 □柏油路
	路面长度	□<150m □≥150m
	低速时制动效果显现	□正常 □制动跑偏 □有故障
	车速50km/h时制动距离	□<19m □≥19m
	制动过程中转向盘操纵	□轻便灵活 □沉重
	车辆有偏刹现象	□否 □是，不可继续路试
	注意事项	

五、质量检查	成绩：

请实训指导教师检查本组作业结果，并针对实训过程出现的问题提出改进措施及建议。

序　号	评价标准	评价结果
1	相关物品及资料交接齐全无误	
2	安全、规范完成维护保养工作	
3	正确使用加注装置完成制动液加注	
4	完成制动系统空气排放，将空气完全排净，无安全隐患	
5	检查车况并在维修记录单上签字	
综合评价		☆ ☆ ☆ ☆ ☆
综合评语（作业问题及改进建议）		

六、评价反馈　　　　　　　　成绩：

请根据自己在课堂中的实际表现进行自我反思和自我评价。

自我反思：＿＿＿。

自我评价：＿＿＿。

实训成绩单

项　目	评分标准	分　值	得　分
接收工作任务	明确工作任务，准确记录客户及车辆信息	5	
信息收集	掌握工作相关知识及操作要点	15	
制订计划	计划合理可行	10	
计划实施	操作前做好场地设备工具的准备工作	3	
	使用制动液加注及排气装置回收总泵制动液	5	
	给制动液储液罐加注符合规定的制动液	10	
	根据举升机操作规范举升车辆	5	
	使用专用套筒工具及风动扳手拆卸车辆两后轮	3	
	选用合适的工具松开或拧紧排气螺栓	10	
	排除制动管路中的旧制动液并及时给储液罐添加新的制动液	3	
	两人配合完成制动系统排放空气操作	5	
	更换制动液后，两人配合检查制动系统的制动效果	3	
	能在操作结束后整理清洁场地	10	
	操作前做好场地设备工具的准备工作	3	
质量检查	按照要求完成相应任务	5	
评价反馈	经验总结到位，合理评价	5	
得分（满分100）			

项目九 电动助力转向系统维护保养

实训 电动助力转向系统基本检查

学院		专业	
姓名		学号	
小组成员		组长姓名	

一、接收工作任务　　成绩：

客户王先生是北汽新能源 EV 系列轿车车主，今日来店做维护保养。据客户反映近期行车过程中转向盘转向偏重，希望维护保养时能够重点对车辆转向系统进行检查。

二、信息收集　　成绩：

1）请说出汽车转向系统的基本组成。

汽车转向系统一般由_____、_____、_____、_____、_____、_____和_____等构成，但随着转向系统的类型不同，其结构组成又有所差异。_____是整个转向系统的核心部件，作用是放大驾驶人传递的力并同时改变力的传递方向，常见的形式有_____、_____、_____等。

2）电动汽车采用 EPS 主要由_____、_____、_____、_____等机械装置和_____、_____、_____等电子元件组成。

3）请在下图中标注北汽新能源系列电动汽车的 EPS 结构。

99

4）EPS 类型。

类型	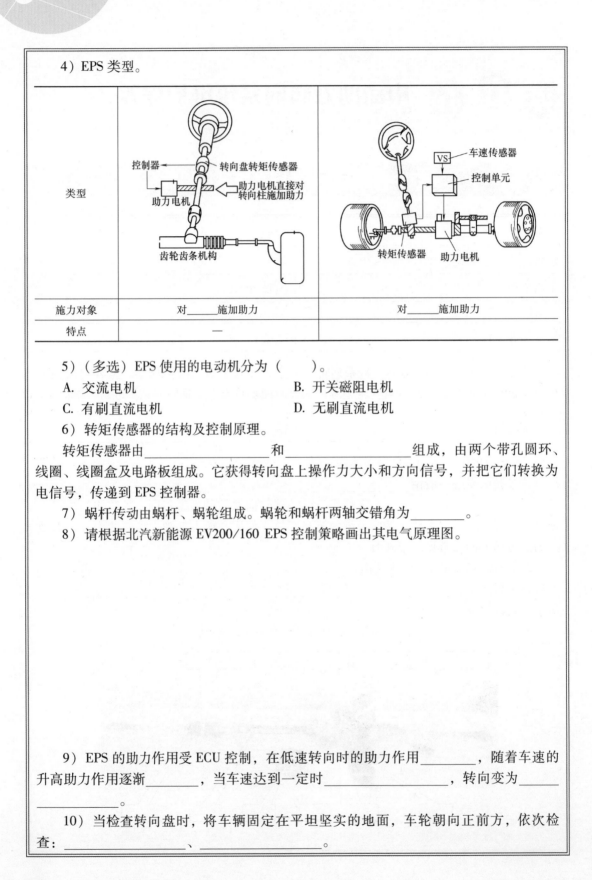	
施力对象	对_____施加助力	对_____施加助力
特点	—	

5）（多选）EPS 使用的电动机分为（　　）。
　　A. 交流电机　　　　　　　　B. 开关磁阻电机
　　C. 有刷直流电机　　　　　　D. 无刷直流电机

6）转矩传感器的结构及控制原理。
　　转矩传感器由_____和_____组成，由两个带孔圆环、线圈、线圈盒及电路板组成。它获得转向盘上操作力大小和方向信号，并把它们转换为电信号，传递到 EPS 控制器。

7）蜗杆传动由蜗杆、蜗轮组成。蜗轮和蜗杆两轴交错角为_____。

8）请根据北汽新能源 EV200/160 EPS 控制策略画出其电气原理图。

9）EPS 的助力作用受 ECU 控制，在低速转向时的助力作用_____，随着车速的升高助力作用逐渐_____，当车速达到一定时_____，转向变为_____。

10）当检查转向盘时，将车辆固定在平坦坚实的地面，车轮朝向正前方，依次检查：_____、_____。

11）（多选）如果转向盘运动不在规定自由间隙的范围内，检查以下部位（　　）。
A. 转向横拉杆球头是否磨损　　　　B. 下部球接头是否磨损
C. 转向轴接头是否磨损　　　　　　D. 转向小齿轮或齿轮齿条是否磨损或破裂
E. 其他部件是否松动

12）转向助力功能检查的方法是：
① _____
_____。
② _____
_____。

13）请简述电子液压助力转向系统的优缺点。
优点：_____。
缺点：_____。

14）电子液压助力转向系统包括_____、_____、_____、_____等。

15）请在下图中标注各部件的名称。

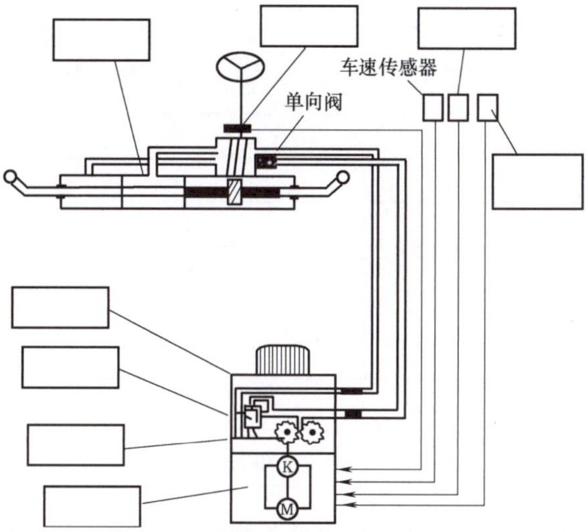

三、制订计划　　　　　　　　　　　　　　　　成绩：

1）根据车辆维护保养要求，制订转向系统基本检查的作业计划。

作业流程		
序　号	作业项目	操作要点
计划审核	审核意见： 　　　　　　　　　　　　　　　　　　　　　年　月　日　签字：	

2）请根据维修作业计划，完成小组成员任务分工。

操 作 人		记 录 员	
监 护 人		展 示 员	

作业注意事项

1）实训开始前应做好个人着装准备和工具准备。
2）当多人作业，起动运转设备或机器时，必须事先发出起动操作信号，并确认安全后方可起动，并且机器设备运行时，身体及衣服应远离转动部件。
3）当使用汽车举升机时应严格按照举升机的操作规程进行作业。
4）当进入车内检查转向系统时，应先铺好维护保养三件套。

检测设备、工具、材料			
序　号	名　称	数　量	清　点
			□已清点
			□已清点
			□已清点
			□已清点
			□已清点
			□已清点
			□已清点
			□已清点
			□已清点
			□已清点
			□已清点

四、计划实施　　　　　　　　　成绩：

1）请完成纯电动汽车维修作业前检查及车辆防护，并记录信息。
① 维修作业前现场环境检查。

作业内容：
_____

作业结果：
_____

② 维修作业前防护用具检查。

项目九　电动助力转向系统维护保养

作业内容：

作业结果：

③ 维修作业前仪表工具检查。

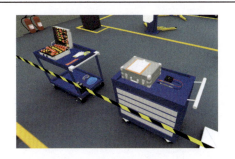

作业内容：

作业结果：

④ 维修作业前实施车辆防护。

作业内容：

作业结果：

2）请检查转向盘。
① 转向盘自由行程的检查。

操作	
转向盘的自由行程	
影响因素	

103

② 转向盘松旷情况检查。

检查方向及结果	上下方向	□正常 □松旷
	前后方向	□正常 □松旷
	左右方向	□正常 □松旷
	轴向方向	□正常 □松脱
当转向盘松旷时，应调整的部件		
调整后的重点检查部位		

③ 转向盘锁止情况检查。

检查转向盘锁止状态	点火开关位置	□LOCK □ACC □ON □START
	转向盘状态	锁死不转动
检查转向盘解锁状态	点火开关位置	□LOCK □ACC □ON □START
	转向盘状态	

④ 转向盘自动回位情况的检查。

转向盘左右两侧回正力		□左侧 > 右侧 □左侧 < 右侧 □左侧 = 右侧
转向盘自动回位情况	车速	
	转向盘角度	
	保持时间	
	转向盘回位	□70°以上 □70°以下

3）请检查转向助力功能。

	1）原地转向。	点火开关位置	□LOCK　□ACC □ON　□START
		检查结果	□正常 □沉重 □助力不足
	2）低速行驶中转向。	点火开关位置	□LOCK　□ACC □ON　□START
		检查结果	□正常 □沉重 □助力不足
	3）将转向盘分别转至左、右极限位置。	点火开关位置	□LOCK　□ACC □ON　□START
		右极限	□正常 □转向盘抖动 □转向机异响
		左极限	□正常 □转向盘抖动 □转向机异响

4）请检查转向横拉杆球头的间隙、紧固程度及防尘套状态。

	1）举升车辆（车轮悬空），检查转向横拉杆球头的间隙。	操作方法
		检查结果　□正常 □异常

		选用工具	
 2）检查转向横拉杆球头的固定螺母是否牢固。		标准转矩	
		检查结果	□牢固 □不牢固
		注意事项	
3）检查转向横拉杆防尘套有无损坏和安装位置是否正确。		防尘套状态	□正常 □损坏 □位置正确 □位置错误

5）EPS 故障处理。

		检查主熔断器和线路熔断器	检查结果	□完好 □断开
		点火开关位置	□LOCK □ACC □ON □START	
		检查终端"D8"和控制盒体搭铁之间的电压	电压值	
		整车信号线断开或短路	□是 □否	

	检查终端"A1"和控制盒体搭铁之间的电压	电压值	
		整车电源线断开或短路	□是 □否
	整车无助力可以行驶	检查结果	□是 □否
		CAN 通信不畅	□是 □否
	检查插头与 EPS 控制盒之间连接是否牢靠	检查结果	□是 □否
		搭铁不良	□是 □否
		更换 EPS 控制盒	□是 □否
		重新检查	□是 □否

五、质量检查　　成绩：

请实训指导教师检查本组作业结果，并针对实训过程出现的问题提出改进措施及建议。

序　号	评价标准	评价结果
1	相关物品及资料交接齐全无误	
2	安全、规范完成维护保养工作	
3	根据用户用车情况对车辆转向盘、助力转向功能进行检查和调整	
4	举升车辆并检查转向横拉杆球头的间隙、紧固程度及防尘套状态	
5	检查车况并在维修记录单上签字	
综合评价	☆ ☆ ☆ ☆ ☆	
综合评语（作业问题及改进建议）		

六、评价反馈　　　　　　　　　成绩：

请根据自己在课堂中的实际表现进行自我反思和自我评价。

自我反思：_____
_____。

自我评价：_____
_____。

实训成绩单

项目	评价标准	分值	得分
接收工作任务	明确工作任务，准确记录客户及车辆信息	5	
信息收集	掌握工作相关知识及操作要点	15	
制订计划	计划合理可行	10	
计划实施	操作前做好场地设备工具的准备工作	3	
计划实施	能够检查并正确判断转向盘的自由行程是否标准	10	
计划实施	能够检查转向盘是否有松旷现象	5	
计划实施	能够检查转向盘的锁止装置是否正常	8	
计划实施	能够检查转向盘自动回位情况	8	
计划实施	根据举升机操作规范举升车辆	3	
计划实施	能够检查转向横拉杆球头的间隙、紧固程度及防尘套状态	10	
计划实施	能够检查转向助力功能	10	
计划实施	能在操作结束后整理清洁场地	3	
质量检查	按照要求完成相应任务	5	
评价反馈	经验总结到位，合理评价	5	
	得分（满分100）		

项目十　电动汽车车身电器设备维护保养

实训一　车身电器设备维护保养

学院		专业	
姓名		学号	
小组成员		组长姓名	

一、接收工作任务　　成绩：

客户王先生今日来店做维护保养。王先生反映近期夜间行车较多，且进入夏季后风窗刮水器、天窗等车辆电器设备使用较多，需要重点对车辆电器及设施进行检查。维修技师刘强将此项任务交给了实习生王磊，王磊对这辆纯电动汽车的电器及设施的外观及功能进行了检查。

二、信息收集　　成绩：

1）（多选）下列选项中属于汽车车身电器设备能够为汽车驾驶和乘坐提高的性能是（　　）。

　A. 安全性　　　B. 美观性　　　C. 经济性　　　D. 娱乐性

2）电动汽车车身电器设备一般包含＿＿＿＿＿、＿＿＿＿＿、＿＿＿＿＿、＿＿＿＿＿四部分。

3）（判断）电动汽车上所有的舒适娱乐系统都是通过低压电源供电。（　　）

4）配电设备包括＿＿＿＿、＿＿＿＿、＿＿＿＿、＿＿＿＿、＿＿＿＿和＿＿＿＿等。

5）（多选）以下属于电动汽车车身特点的是（　　）。

　A. 直流　　B. 橙色线　　C. 低压

　D. 负极搭铁　　E. 单线制

6）请给下面辅助蓄电池标注结构名称。

7）识别北汽新能源 EV200 仪表各个指示灯含义。

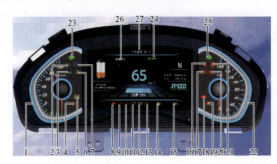

1		2		3	
4		5		6	
7		8		9	
10		11		12	
13		14		15	
16		17		18	
19		20		21	
22		23/25		24	
26		27			

8）电动汽车铅酸蓄电池作为低压电源，为车身电器和 BMS _____。电压不足时由动力蓄电池通过_____补充电能。

9）（多选）如果出现以下（　　）情况，需对蓄电池进行放电电流测试。

A. 已充电的蓄电池在短时间内亏电

B. 车辆行驶一定里程后蓄电池亏电

C. 当车辆起动时，仪表闪烁

D. 车辆停放一夜或几天后不能正常起动

10）全车灯光检查的项目有哪些？

全车灯光检查项目：_____

_____

11）带卤素灯泡的主前照灯的倾斜度为：_____。百分数与 10m 的投影距离有关。左侧前照灯的调节螺栓与右侧前照灯的调节螺栓呈对称布置，分别包括用于高度调整的调节螺栓和用于侧向调整的调节螺栓。当调节雾灯倾斜度时，倾斜尺寸：前雾灯_____cm。

12）请在下表中补充北汽新能源 EV200 电动天窗操作键的作用。

翘起状态的操作		滑动状态的操作	
持续按住或点触 TILT UP 键	持续按住 SLIDE OPEN 键	持续按住或点触 SLIDE OPEN 键	持续按住或点触 TILT UP 键
在点触翘起过程中单击任一按钮，天窗可停在任一位置。	此过程中天窗不具有防夹功能。	在此过程中单击任一按钮，天窗可停在任一位置。	点触关闭过程中再次按住按钮，天窗停止运动。持续按住关闭按钮过程中天窗不具有防夹功能。

13）检查带有观察孔的蓄电池。

蓄电池观察孔中可能有三种不同的颜色显示，其各自代表的含义：

绿色：＿＿＿＿＿＿＿＿＿＿＿＿＿＿＿＿＿＿＿＿＿＿＿＿＿＿＿＿＿。

黑色：＿＿＿＿＿＿＿＿＿＿＿＿＿＿＿＿＿＿＿＿＿＿＿＿＿＿＿＿＿。

无色或者黄色：＿＿。

14）北汽新能源 EV 系列辅助蓄电池参数。

蓄电池类型	
蓄电池额定值	
电压和电极	

15）辅助蓄电池放电电流的测试步骤。

① 将点火开关置于＿＿＿＿＿，关闭车门及所有用电设备。

② 确认车内所有用电设备处于关闭状态。

③ 拆掉蓄电池＿＿极侧接柱线束。

④ 万用表表笔接于蓄电池＿＿＿＿＿，另一表笔接于蓄电池＿＿＿＿＿。这时万用表会显示一个电流，电流的大小会随着时间的延长而变化。

⑤ 1min 后电流会＿＿＿＿＿＿。通过测量放电电流可以了解车辆是否存在有漏电现象。测量正常值：＿＿＿＿＿＿。

16）前机舱的高压线束有哪些？连接的部件分别是什么？

快充线束：＿＿＿＿＿＿＿＿＿＿＿＿＿＿＿＿＿＿＿＿＿＿＿＿＿＿＿＿＿＿＿＿。

慢充线束：＿＿＿＿＿＿＿＿＿＿＿＿＿＿＿＿＿＿＿＿＿＿＿＿＿＿＿＿＿＿＿＿。

动力蓄电池高压电缆：_____。
电机控制器电缆：_____。
高压附件线束：_____。

三、制订计划	成绩：

1）根据车辆维护保养要求，制订针对车辆电器及设施基本检查的作业计划。

作业流程		
序　号	作业项目	操作要点
计划审核	审核意见： 　　　　　　　　　　　　　　　　　　　　年　月　日　签字：	

2）请根据维修作业计划，完成小组成员任务分工。

操　作　人		记　录　员	
监　护　人		展　示　员	
作业注意事项			

1）实训开始前应做好个人着装准备、场地准备和工具准备。
2）进入车内操作前，应先铺好维护保养三件套。
3）在进行前机舱操作之前，应先铺设翼子板防护垫。
4）当多人作业，起动运转设备或机器时，必须事先发出起动操作信号，并确认安全后方可起动，并且机器设备运行时，身体及衣服应远离转动部件。
5）当使用万用表时应选择正确的档位和量程，并且在使用过后及时关闭。
6）检查前机舱线束及插接件时需要做好绝缘防护准备，并配有操作监护人。

检测设备、工具、材料			
序　号	名　称	数　量	清　点
			□已清点
			□已清点
			□已清点
			□已清点
			□已清点
			□已清点
			□已清点
			□已清点
			□已清点
			□已清点
			□已清点
			□已清点

四、计划实施	成绩：

1）请完成纯电动汽车维修作业前检查及车辆防护，并记录信息。

① 维修作业前现场环境检查。

作业内容：
_____

作业结果：
_____

② 维修作业前防护用具检查。

作业内容：
_____

作业结果：
_____

③ 维修作业前仪表工具检查。

作业内容：
_____

作业结果：
_____

④ 维修作业前实施车辆防护。

作业内容：
_____

作业结果：
_____

2）请检查仪表指示灯。

目测仪表显示内容	□正常　□异常

选出实车上亮起的指示灯并说明其含义			
ABS			
		READY	

3）请检查仪表背光灯、收音机、阅读灯和车外灯光。

手势	检查项目	状态
—	仪表背光灯	□正常　□异常
—	收音机	□正常　□异常
—	阅读灯	□正常　□异常
	小灯（示廓灯）	□正常　□异常

项目十　电动汽车车身电器设备维护保养

手势	检查项目	状态
	前照灯（近光灯）	□正常　□异常
	前照灯（远光灯）	□正常　□异常
	近光-远光变换	□正常　□异常
	雾灯（前后）	□正常　□异常
	转向灯（左右/前后）	□正常　□异常
	制动灯	□正常　□异常

115

手势	检查项目	状态
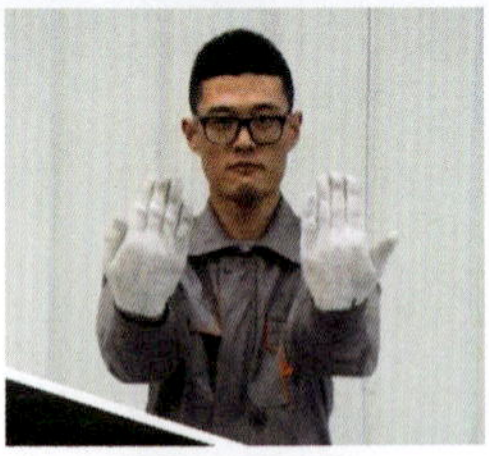 	倒车灯	□正常　□异常
 	警告灯（前后）	□正常　□异常
	检查完毕灯（前）	

调整主前照灯	调整前雾灯
带卤素灯泡的主前照灯的倾斜度为：_____%。	前雾灯倾斜尺寸：_____ cm。
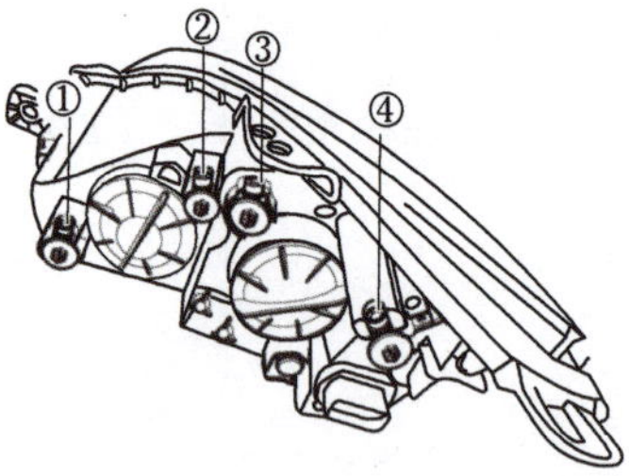	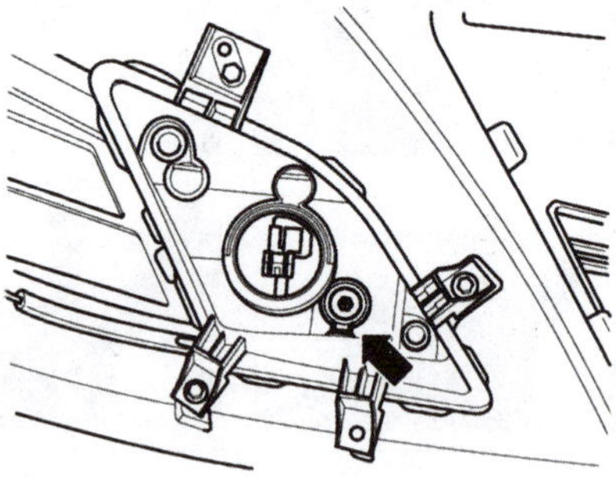
首先旋转调节螺栓①和③，调节主前照灯的_____。然后旋转调节螺栓②和④，左右方向调节主前照灯_____。	旋转调节螺栓（上图中箭头所示）以调节雾灯_____。

4）请检查电动天窗。

		检查结果	□正常　□异常
	1）开启、关闭天窗，检测其功能状况。	润滑	□需要　□不需要
	2）清洁并用专用润滑油脂润滑天窗导轨。	选用材料	

5）请检查机舱线束及插接件。

	检查项目	检查结果				
 快充线束	快充线束	□正常	□过热	□变形	□松脱	□老化
	慢充线束	□正常	□过热	□变形	□松脱	□老化
	动力蓄电池高压电缆	□正常	□过热	□变形	□松脱	□老化
 高压附件线束	电机控制器电缆	□正常	□过热	□变形	□松脱	□老化
	高压附件线束	□正常	□过热	□变形	□松脱	□老化
	VCU 线束	□正常	□过热	□变形	□松脱	□老化
 动力蓄电池高压线缆及 电机控制器电缆	车载充电机低压线束	□正常	□过热	□变形	□松脱	□老化
	DC/DC 低压线束	□正常	□过热	□变形	□松脱	□老化
	电机控制器低压线束	□正常	□过热	□变形	□松脱	□老化
	高压控制盒低压线束	□正常	□过热	□变形	□松脱	□老化

6）检查辅助蓄电池的状态并检测放电电流。

① 检查辅助蓄电池的状态。

目测检查项目	检查结果	影响
蓄电池壳体	□正常 □损坏	壳体损坏会导致酸液流出，流出的蓄电池酸液会对车辆造成严重损坏。
蓄电池极柱	□正常 □损坏	蓄电池电极损坏，将无法保证蓄电池接线端能接触良好。
检测带有观察孔的蓄电池	绿色：_____。 黑色：_____。 无色或者黄色：_____。	
注意事项	当观察孔呈无色或者淡黄色时，不得对蓄电池进行检测或充电。	

② 检查辅助蓄电池是否正确固定。

选用工具	规格	检查结果	注意事项
扭力扳手		□正常 □松旷	① ② ③

③ 检查辅助蓄电池放电电流。

	① 关闭车门及所有用电设备。	点火开关	□LOCK □ACC □ON □START
	② 确认车内所有用电设备处于关闭状态。	全部处于关闭状态	□是 □否

项目十 电动汽车车身电器设备维护保养

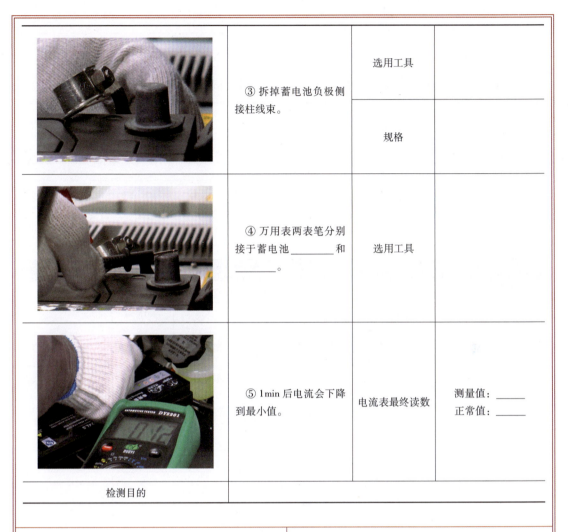

	③ 拆掉蓄电池负极侧接柱线束。	选用工具	
		规格	
	④ 万用表两表笔分别接于蓄电池_____和_____。	选用工具	
	⑤ 1min后电流会下降到最小值。	电流表最终读数	测量值：_____ 正常值：_____
检测目的			

五、质量检查   成绩：

请实训指导教师检查本组作业结果，并针对实训过程出现的问题提出改进措施及建议。

序 号	评 价 标 准	评 价 结 果
1	相关物品及资料交接齐全无误	
2	安全、规范完成维护保养工作	
3	根据用户用车情况对车辆仪表、灯光、车身附件、机舱线束和辅助蓄电池进行检查和调整	
4	使用万用表检测辅助蓄电池放电电流	
5	检查车况并在维修记录单上签字	
综合评价		☆ ☆ ☆ ☆ ☆
综合评语 （作业问题及改进建议）		

119

六、评价反馈　　　　成绩：

请根据自己在课堂中的实际表现进行自我反思和自我评价。

自我反思：_____
_____。

自我评价：_____
_____。

实训成绩单

项目	评价标准	分值	得分
接收工作任务	明确工作任务，准确记录客户及车辆信息	5	
信息收集	掌握工作相关知识及操作要点	15	
制订计划	计划合理可行	10	
计划实施	操作前做好场地设备工具的准备工作	5	
	能熟练使用灯光检查手势，配合搭档检查车外各灯光状态	10	
	能根据检查结果在合理条件下，调节前照灯光束	10	
	能检查电动天窗并润滑滑动导轨	10	
	能检查机舱线束及插接件状态	5	
	能检查辅助蓄电池的固定情况和工作状态	5	
	能正确使用万用表测量辅助蓄电池放电电流	10	
	能在操作结束后整理清洁场地	5	
质量检查	按照要求完成相应任务	5	
评价反馈	经验总结到位，合理评价	5	
	得分（满分100）		

实训二　风窗玻璃清洗系统维护保养

学院		专业	
姓名		学号	
小组成员		组长姓名	

一、接收工作任务　　　　　　　　　成绩：

客户王先生今日来店做维护保养。王先生反映近期车辆行驶环境较为恶劣，洗涤液使用较多，需要重点对车辆洗涤液进行检查。维修技师刘强接受了此项任务，对客户车辆的洗涤液进行了检查和更换。

二、信息收集　　　　　　　　　　　成绩：

1）风窗清洗系统主要由_____、_____、_____、_____和_____等组成，其功能是_____。

2）请给下图中各风窗玻璃清洗系统及刮水器各部件标注名称。

3）（判断）洗涤液应按原车要求选用，一年四季都应使用同样的玻璃洗涤液。（　　）

4）（判断）检查洗涤器喷嘴，脏污时可用干净的毛刷清洗喷嘴，喷嘴喷射角度不合适时应进行调整，北汽新能源 EV200 车型只能调整后窗喷嘴角度。（　　）

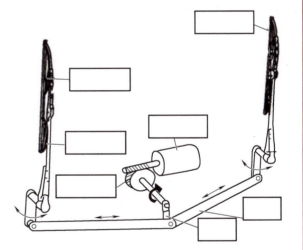

5）风窗刮水器调整标准。

调整项目	调整标准
前喷嘴	
后喷嘴	
刮水片终端停留位置（驾驶人侧）	
刮水片终端停留位置（副驾驶人侧）	

6）_____的俗称是玻璃水，主要由_____、_____、_____、_____及_____组成。

7）洗涤液的作用及其防冻要求。

① 清洗性能
_____
_____。

② 防冻性能
_____
_____。

③ 防雾性能
_____
_____。

④ 抗静电性能
_____
_____。

⑤ 润滑性能
_____
_____。

⑥ 耐腐蚀性能
_____
_____。

8）洗涤液的加注标准。

① 洗涤液应加注到_____。
② 目前纯电动汽车要求只使用_____。

9）刮水器推荐维护周期一般为_____。

10）洗涤液浓度的测量方法。

用_____检测洗涤液的浓度。

当使用时，用柔软的绒布将盖板及棱镜表面擦拭干净。将待测液体用_____滴于_____，合上盖板轻轻按压，将冰点测试仪对向_____，旋转目镜使视场内刻度线清晰。读出_____在标示板上相应标尺上的数值即可。

冰点测试仪的刻度盘①用于_____，刻度盘②用于_____
_____。目前纯电动汽车要求_____
_____。

11）请在下表中填写对应浓度洗涤液的混合比。

防冻温度至	汽车玻璃清洁液	纯水
-17 ~ -18℃	1 份	____份
-22 ~ -23℃	1 份	____份
-37 ~ -38℃	1 份	____份

三、制订计划　　　　　　　　　　　成绩：

1）根据车辆维护保养要求，制订针对车辆玻璃水检查的作业计划。

作业流程		
序　号	作业项目	操作要点
计划审核	审核意见： 　　　　　　　　　　　　　　年　月　日　签字：	

2）请根据维修作业计划，完成小组成员任务分工。

操　作　人		记　录　员	
监　护　人		展　示　员	
作业注意事项			

1）实训开始前应做好个人着装准备、场地准备和工具准备。
2）进入车内操作前，应先铺好维护保养三件套。
3）在进行前机舱操作之前，应先铺设翼子板防护垫。
4）当多人作业，起动运转设备或机器时，必须事先发出起动操作信号，并确认安全后方可起动，并且机器设备运行时，身体及衣服应远离转动部件。
5）当使用冰点测试仪时仔细阅读使用说明，避免不当操作造成仪器的损坏和测量不准确。
6）在测量洗涤液时，注意不要洒在皮肤和眼睛上，测试后仔细擦净仪器。

检测设备、工具、材料			
序　号	名　称	数　量	清　点
			□已清点
			□已清点
			□已清点
			□已清点
			□已清点
			□已清点
			□已清点
			□已清点
			□已清点
			□已清点
			□已清点

四、计划实施	成绩：

1）请完成纯电动汽车维修作业前检查及车辆防护，并记录信息。
① 维修作业前现场环境检查。

作业内容：

作业结果：

② 维修作业前防护用具检查。

作业内容：

作业结果：

③ 维修作业前仪表工具检查。

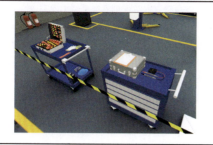

作业内容：
_____

作业结果：
_____

④ 维修作业前实施车辆防护。

作业内容：
_____

作业结果：
_____

2）请检查洗涤液液位。

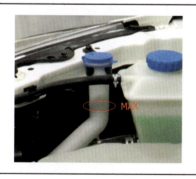

实际液位			是否添加
□低于 MAX 线	□MAX 线处	□高于 MAX 线	□是 □否

注意事项	
提示	洗涤液加注量应<_____，如果溢出，应_____。

3）检查洗涤液浓度。

测量仪器	校准仪器使用的液体	刻度盘用途
冰点测试仪	蒸馏水	刻度盘①：_____。 刻度盘②：_____。

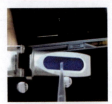  	测量步骤	1）用柔软的绒布将盖板及棱镜表面擦拭干净。 2）将待测液体用吸管滴于棱镜表面，合上盖板轻轻按压。 3）将冰点测试仪对向明亮处，旋转目镜使视场内刻线清晰，读出明暗分界线在标示板上的数值即可。 4）测试完毕，用柔软的绒布擦净盖板及棱镜，清洗吸管，将仪器放还于包装盒内。
	测量结果	读数：_____ □合格 □不合格，更换
	注意事项	

4）检查风窗刮水器。

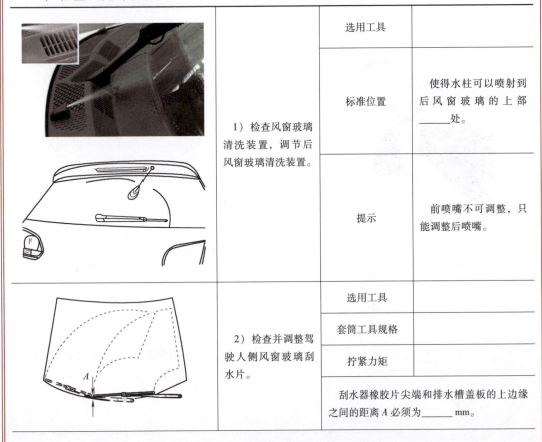

		选用工具	
	1）检查风窗玻璃清洗装置，调节后风窗玻璃清洗装置。	标准位置	使得水柱可以喷射到后风窗玻璃的上部_____处。
		提示	前喷嘴不可调整，只能调整后喷嘴。
	2）检查并调整驾驶人侧风窗玻璃刮水片。	选用工具	
		套筒工具规格	
		拧紧力矩	
		刮水器橡胶片尖端和排水槽盖板的上边缘之间的距离 A 必须为_____ mm。

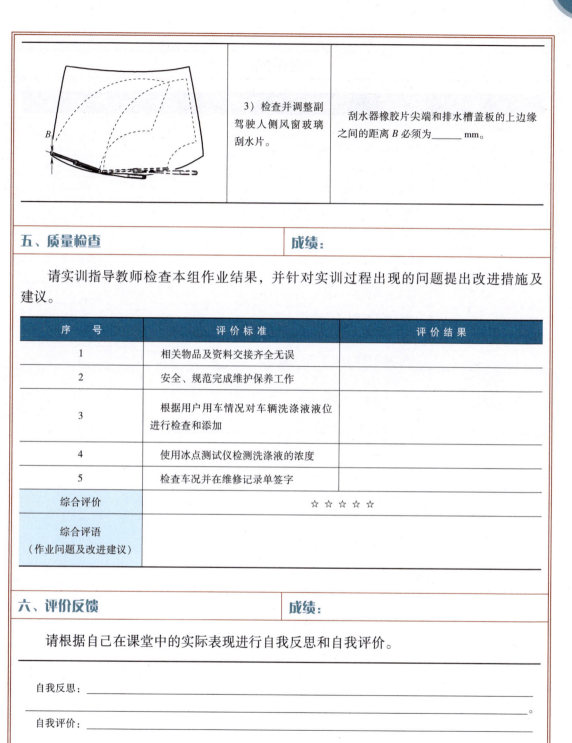	3）检查并调整副驾驶人侧风窗玻璃刮水片。	刮水器橡胶片尖端和排水槽盖板的上边缘之间的距离 B 必须为_____ mm。

五、质量检查　　成绩：

请实训指导教师检查本组作业结果，并针对实训过程出现的问题提出改进措施及建议。

序　号	评价标准	评价结果
1	相关物品及资料交接齐全无误	
2	安全、规范完成维护保养工作	
3	根据用户用车情况对车辆洗涤液液位进行检查和添加	
4	使用冰点测试仪检测洗涤液的浓度	
5	检查车况并在维修记录单签字	
综合评价	☆ ☆ ☆ ☆ ☆	
综合评语 （作业问题及改进建议）		

六、评价反馈　　成绩：

请根据自己在课堂中的实际表现进行自我反思和自我评价。

自我反思：_____。

自我评价：_____。

实训成绩单

项　　目	评 价 标 准	分　　值	得　分
接收工作任务	明确工作任务，准确记录客户及车辆信息	5	
信息收集	掌握工作相关知识及操作要点	15	
制订计划	计划合理可行	10	
计划实施	操作前做好场地设备及材料工具的准备工作	5	
计划实施	能说出洗涤液加注的标准液位并判断是否需要添加	10	
计划实施	能说出洗涤液的作用及车辆对其防冻温度的要求	10	
计划实施	能正确使用冰点测试仪检测洗涤液的浓度	12	
计划实施	能给车辆添加洗涤液	5	
计划实施	能在使用后将冰点测试仪合理存放	5	
计划实施	能检查并调整风窗刮水器	5	
计划实施	能在整个操作过程中规范操作，避免意外事故发生	5	
计划实施	能在操作结束后整理清洁场地	3	
质量检查	按照要求完成相应任务	5	
评价反馈	经验总结到位，合理评价	5	
得分（满分100）			

项目十一 电动汽车空调系统维护保养

实训一 空调系统基本检查

学院		专业	
姓名		学号	
小组成员		组长姓名	

一、接收工作任务　　　　成绩：

客户张先生来到汽车服务有限公司做维护保养，经了解，张先生家里有小孩，对车内环境要求较高，希望能对空调系统进行详细检查。维修技师刘强对车辆空调进行了详细的检查，并更换了空调滤芯。

二、信息收集　　　　成绩：

1）汽车空调系统是实现对车厢内空气进行_____、_____、_____、_____和_____的装置。

2）现代汽车空调系统由_____、_____、_____和_____及_____组成。

3）电动汽车空调系统主要由_____、_____、_____、_____、_____、_____及_____等部件组成。

4）请在下图中标出电动汽车空调系统的结构名称。

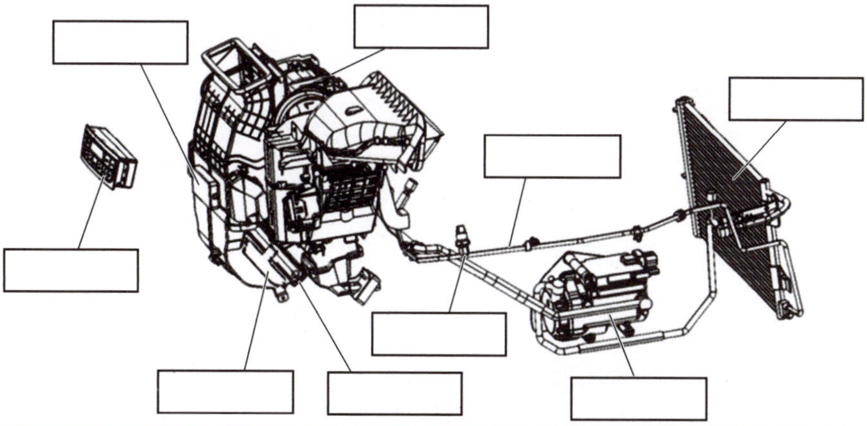

129

5)（判断）与传统汽车不同，电动汽车的空调系统中的压缩机改为电驱动，除此之外其他结构与传统汽车基本相同。（　　）

6）电动汽车的空调压缩机为_____，其工作电压为_____，制冷剂类型为_____。

7）明确电动压缩机的外部结构，补充箭头所示结构名称。

驱动控制器

低压插接件

压缩机本体

8）（多选）电动空调压缩机工作的过程包括（　　）。
　A．吸入过程　　　　　　　　　　B．压缩过程
　C．排放过程　　　　　　　　　　D．做功过程

9）（单选）下列选项中说法不正确的是（　　）。
　A．蒸发器和冷凝器一样都是由管子与散热片组合起来的热交换器
　B．膨胀阀的作用是把从冷凝器流出的高压制冷剂节流雾化
　C．PTC 热敏电阻通常是用半导体材料制成的
　D．压缩机能把高温低压气态的制冷剂压缩成低温高压液态的制冷剂

10）PTC 加热器是采用_____为发热源的一种加热器，当外界温度降低时，PTC 加热器_____减小，_____反而会相应增加。

11）（单选）下列关于空调系统的维护保养中，说法不正确的是（　　）。
　A．在停用制冷系统后，每两周起动压缩机工作 5min
　B．当发现冷冻机油泄漏要及时修理
　C．经常更换制冷剂，以保证空调制冷效果
　D．要求保持通风口清洁、排水道畅通

12）（判断）当开启空调系统时，出现车窗起雾的情况，属于空调故障，应当及时检修。（　　）

13）北汽新能源 EV160 车型空调滤芯在_____，可以过滤从外界进入车厢内部的空气，使空气的洁净度提高。

14）检查制冷剂的量有两种方法，一种是_____，另一种是_____。

15）请补充下图中制冷剂检漏仪的结构名称。

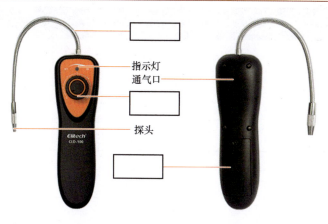
指示灯
通气口
探头

16)（多选）关于电动汽车空调系统的维护，下列说法中正确的是（　　）。
A. 当制冷系统正常时高压侧压力应为 1.37～1.57MPa
B. 当检查制热功能时检查是否有焦糊、过热的异味
C. 每 1.5 万 km 或者每年更换空气滤清器
D. 在到达目的地前几分钟关掉冷气，开启暖风

三、制订计划	成绩：

1）根据电动汽车维修要求，制订空调系统工作、管路泄漏检测以及检查空调滤芯的作业计划。

作业流程		
序　号	作业项目	操作要点
计划审核	审核意见： 年　月　日　签字：	

2）请根据维修作业计划，完成小组成员任务分工。

操 作 人		记 录 员	
监 护 人		展 示 员	
作业注意事项			

1）实训开始前应摘掉戒指、手表和项链，脱去宽松的衣服，换上实训服，长头发应挽起固定于脑后。
2）当就车工作时，应施加驻车制动，除非特定操作要求置于其他档位，否则应将档位置于 N 位。
3）双手及其他物体不得接触风扇叶片，尤其是电动冷却风扇，确保电源完全断开后，才能在冷却风扇附近进行工作。

检测设备、工具、材料			
序　号	名　称	数　量	清　点
			□已清点
			□已清点
			□已清点
			□已清点
			□已清点
			□已清点
			□已清点

四、计划实施　　　　　　　　**成绩：**

1）空调冷暖风功能检查。

①进入车内，打开空调开关。调节温度控制旋钮，将其调整到冷风。调节风量旋钮，将风量调整至最大。

请识别并填写出图中数字代表的含义。

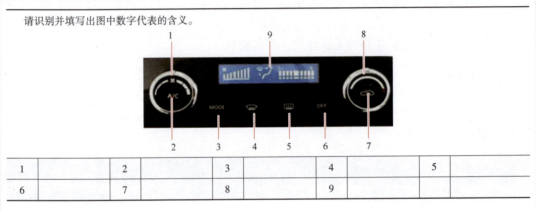

1	2	3	4	5
6	7	8	9	

②切换空调出风模式，切换至"吹脚"模式。检查驾驶人位置脚底出风口是否有凉风，出风量是否足够。

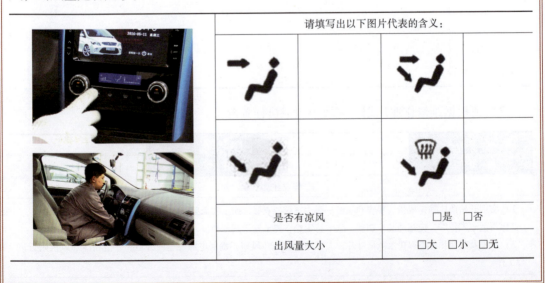

请填写出以下图片代表的含义：

是否有凉风	□是　□否
出风量大小	□大　□小　□无

③ 切换出风模式到车窗除雾或除湿，检查风窗玻璃处出风口是否有凉风，出风量是否足够。

	车内玻璃表面起雾的原因	□车外温度低，车内温度高 □车外温度高，车内温度低		
	是否有凉风	□是 □否	出风量大小	□大 □小 □无

④ 切换出风模式到吹面模式，检查中控面板上方及两侧车门附近的出风口是否有凉风，出风量是否足够。

	检查出风口数量	□1　□2 □3　□4		
	是否有凉风	□是 □否	出风量大小	□大 □小 □无

⑤ 调节温度控制旋钮，将其调整到暖风，切换空调出风模式，切换至"吹脚"模式。检查驾驶人位置脚底出风口是否有暖风，出风量是否足够。

	是否有暖风	□是 □否
	出风量大小	□大 □小 □无

⑥ 切换出风模式到车窗除霜状态，检查风窗玻璃处的出风口是否有暖风，出风量是否足够。

	车外玻璃表面起雾的原因	□车外温度低，车内温度高 □车外温度高，车内温度低		
	是否有暖风	□是 □否	出风量大小	□大 □小 □无

⑦ 切换出风模式到吹面模式，检查中控面板上方及两侧车门附近的出风口是否有暖风，出风量是否足够。

	是否有暖风	□是　□否
	出风量大小	□大 □小 □无

⑧ 在出风口处轻微扇动，闻一下吹出的风是否有焦煳味，如果有，则需进一步检查PTC加热器。

	空调出风口有焦煳味的可能原因	□空调进气口堵塞 □线路老化 □PTC控制模块损坏粘连			
	是否有暖风	□是 □否	出风量大小	□大　□小　□无	

⑨ 关闭空调，完成冷暖风功能检查工作。
2）检查空调压缩机及线束插接件状态。
① 打开前机舱盖，观察空调管路是否有凹陷，是否有制冷剂泄漏。

	① 检查空调管路表面，观察其是否有凹陷	外观检查情况	□完好 □轻微损坏，无须修复 □损坏，需修复
	② 检查空调管路各接头处是否有制冷剂泄漏。	是否有泄漏	□是 □否

134

② 举升车辆，观察电动空调压缩机的外观，检查其安装是否牢固，连接线束是否有破损。

	外观检查情况	□完好 □有轻微划痕，无须修复 □损坏，需修复
	安装情况检查	□安装牢固 □安装松动，需紧固
	线束检查情况	□安装牢固　□无破损 □安装松动　□需紧固

3）检查空调滤芯是否脏污。
① 拆开空调滤芯外护板卡扣，取出挡板。

	空调滤芯位置	
	空调滤芯的作用	
	拆除卡扣数量	

② 取出空调滤芯，检查其是否脏污。如果脏污不明显，进行简单清理即可。如果脏污严重，则更换新的空调滤芯。

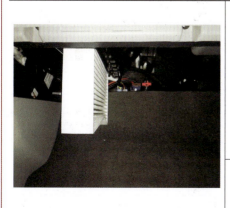	清理空调滤芯时可使用的工具	 □清水	 □空气喷枪
	空调滤芯干净程度	□很干净　□需要清理　□需要更换	

③ 处理后，将空调滤芯装回到原处，并盖好挡板。

	当装回空调滤芯时， 文字朝向	□向上 □向下

五、质量检查　　　　　　　　　　成绩：

请实训指导教师检查本组作业结果，并针对实训过程出现的问题提出改进措施及建议。

序　　号	评 价 标 准	评 价 结 果
1	充分检查空调冷暖风各模式的工作情况	
2	在检查空调冷暖风功能时检查所有的出风口	
3	充分检查空调系统管路泄漏	
4	空调滤芯能够正确拆下进行检查	
5	对空调滤芯正确进行处理	
综合评价	☆ ☆ ☆ ☆ ☆	
综合评语 （作业问题及改进建议）		

六、评价反馈　　　　　　　　　　成绩：

请根据自己在课堂中的实际表现进行自我反思和自我评价。

自我反思：_____

_____。

自我评价：_____

_____。

实训成绩单

项　目	评分标准	分　值	得　分
接收工作任务	明确工作任务，理解任务在车辆维护保养中的重要程度	5	
信息收集	知道汽车空调系统的作用和组成部分	2	
	能画出汽车空调系统的组成结构图	8	
	知道电动压缩机的工作条件和插件的针脚定义	6	
	知道空调 PTC 加热板的结构	2	
制订计划	制订空调系统工作、管路泄漏检测以及检查空调滤芯的作业计划	10	
	能协同小组人员安排任务分工	5	
	能在实施前准备好所需要的工具器材	5	
计划实施	正确识别出空调控制面板各按钮的名称，清楚其功能	4	
	清楚空调的几种出风模式，能按要求正确操作按钮	8	
	能根据出风口温度及出风量判断各模式下空调工作情况	8	
	使用正确的方法检查空调 PTC 工作情况	5	
	正确检查空调管路、线束及压缩机工作情况	3	
	使用正确的工具拆出空调滤芯	8	
	知道如何清理空调滤芯	5	
	正确安装空调滤芯	2	
质量检查	学生任务完成，操作过程规范	10	
评价反馈	学生能对自身表现情况进行客观评价	2	
	学生在任务实施过程中发现自身问题	2	
得分（满分 100）			

实训二　空调制冷剂的加注

学院		专业	
姓名		学号	
小组成员		组长姓名	

一、接收工作任务　　　　　　　　　　　成绩：

客户孙先生来到汽车服务有限公司做维护保养，孙先生反映空调制冷效果不好。维修技师刘强对车辆进行了检查，发现空调系统制冷剂需要更换，于是对空调制冷剂进行了回收和加注。

二、信息收集　　　　　　　　　　　　　成绩：

1）（判断）空调制冷剂基本不会变质，因此不需要更换。（　　　）

2）（判断）当空调加注时需要使用专门的设备，不能直接手动加注。（　　　）

3）罗宾奈尔 16910 型制冷剂鉴别仪，主要用来检验制冷剂的_____、_____、_____以及其他杂质，能鉴别_____这五种成分的纯度，鉴别结果以百分比显示，精度为_____%。

4）（多选）AC350C 制冷剂回收加注机的功能包括（　　　）。
　A. 冷冻机油的回收、加注
　B. 检验制冷剂的类型、纯度
　C. 空调系统检漏
　D. 制冷剂回收、净化、抽真空和加注

5）请在下图中标注制冷剂回收加注机各功能区域的名称。

6）空调歧管压力表组件是汽车空调系统故障诊断与排除以及汽车空调系统维修必不可少的设备，请在下图中标注各部分名称。

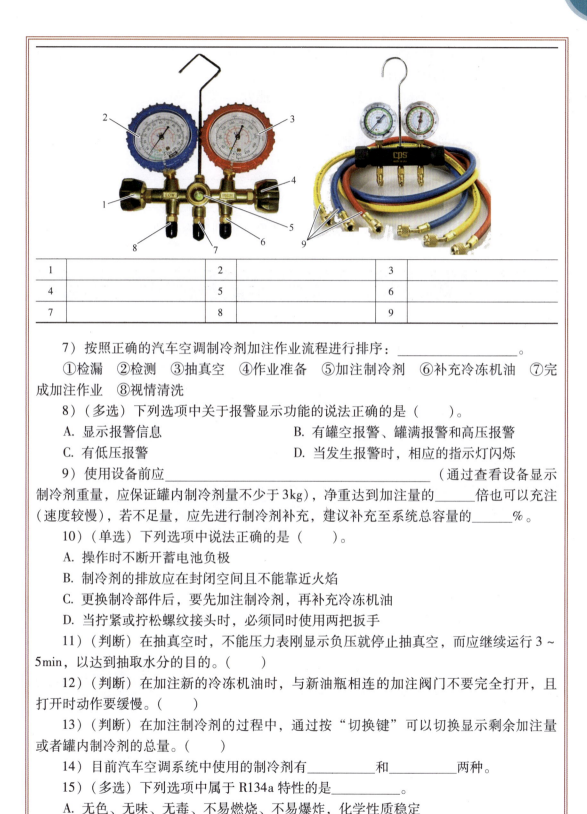

1		2		3	
4		5		6	
7		8		9	

7）按照正确的汽车空调制冷剂加注作业流程进行排序：_____。
①检漏　②检测　③抽真空　④作业准备　⑤加注制冷剂　⑥补充冷冻机油　⑦完成加注作业　⑧视情清洗

8）（多选）下列选项中关于报警显示功能的说法正确的是（　　）。
A. 显示报警信息　　　　　　　B. 有罐空报警、罐满报警和高压报警
C. 有低压报警　　　　　　　　D. 当发生报警时，相应的指示灯闪烁

9）使用设备前应_____（通过查看设备显示制冷剂重量，应保证罐内制冷剂量不少于3kg），净重达到加注量的_____倍也可以充注（速度较慢），若不足量，应先进行制冷剂补充，建议补充至系统总容量的_____%。

10）（单选）下列选项中说法正确的是（　　）。
A. 操作时不断开蓄电池负极
B. 制冷剂的排放应在封闭空间且不能靠近火焰
C. 更换制冷部件后，要先加注制冷剂，再补充冷冻机油
D. 当拧紧或拧松螺纹接头时，必须同时使用两把扳手

11）（判断）在抽真空时，不能压力表刚显示负压就停止抽真空，而应继续运行3～5min，以达到抽取水分的目的。（　　）

12）（判断）在加注新的冷冻机油时，与新油瓶相连的加注阀门不要完全打开，且打开时动作要缓慢。（　　）

13）（判断）在加注制冷剂的过程中，通过按"切换键"可以切换显示剩余加注量或者罐内制冷剂的总量。（　　）

14）目前汽车空调系统中使用的制冷剂有_____和_____两种。

15）（多选）下列选项中属于R134a特性的是_____。
A. 无色、无味、无毒、不易燃烧、不易爆炸，化学性质稳定
B. 破坏臭氧层，在大气层停留寿命长，温室效应影响大

C. 分子直径比 R12 略小，易外泄，能被分子筛吸收

D. 吸水性和水溶性比 R12 低

E. 汽化热高，定压比热大，具有较好的制冷能力。

16）空调系统冷冻机油的作用有：_____、_____和_____。因此，要求其具备：适当的_____，受温度的影响_____、良好的_____、化学性质要_____、毒性腐蚀_____，闪点_____、吸水性_____等特性。

三、制订计划	成绩：

1）根据电动汽车维修要求，制定空调系统冷冻油和制冷剂的回收及加注的作业计划。

作业流程		
序 号	作业项目	操作要点
计划审核	审核意见：	
	年 月 日 签字：	

2）请根据维修作业计划，完成小组成员任务分工。

操 作 人		记 录 员	
监 护 人		展 示 员	

作业注意事项

1）穿戴手套、防护服和护目镜。
2）在通风良好的环境下使用制冷剂回收加注机。
3）在进行任何操作之前，首先确认该设备使用的制冷剂与汽车使用的制冷剂相同。
4）不要在热源、明火或产生火花的地方使用该设备。
5）红色的软管/快速接头接到空调系统的高压端，蓝色的接到低压端。
6）请在每次回收完之后打开旧油阀排放废油。
7）避免液体制冷剂喷射人体引起冻伤，避免制冷剂遇明火分解引起酸雾侵蚀。
8）当检查空调压缩机及线束情况时，务必先进行高压断电操作。

检测设备、工具、材料			
序 号	名 称	数 量	清 点
			□已清点
			□已清点
			□已清点
			□已清点
			□已清点
			□已清点
			□已清点
			□已清点

四、计划实施	成绩：

1）准备工作。

① 起动车辆，打开空调，进行预热。

	车辆状态	□运行 □停机
	预热时间/min	□1 □5 □10 □15

② 对空调系统检漏，确认无泄漏后关闭车辆点火开关。

	使用设备		型号	
	检查位置	□压缩机泵头	□管路接头	□空调出风口
	是否有泄漏	□有 □无	泄漏位置	

③ 将制冷剂回收加注机的高低压管路与空调系统的高低压管路相连接。

	高压端软管颜色	□红　□蓝
	低压端软管颜色	□红　□蓝
	安装时快修接头阀门状态	□开启　□关闭

2）制冷剂加注作业。

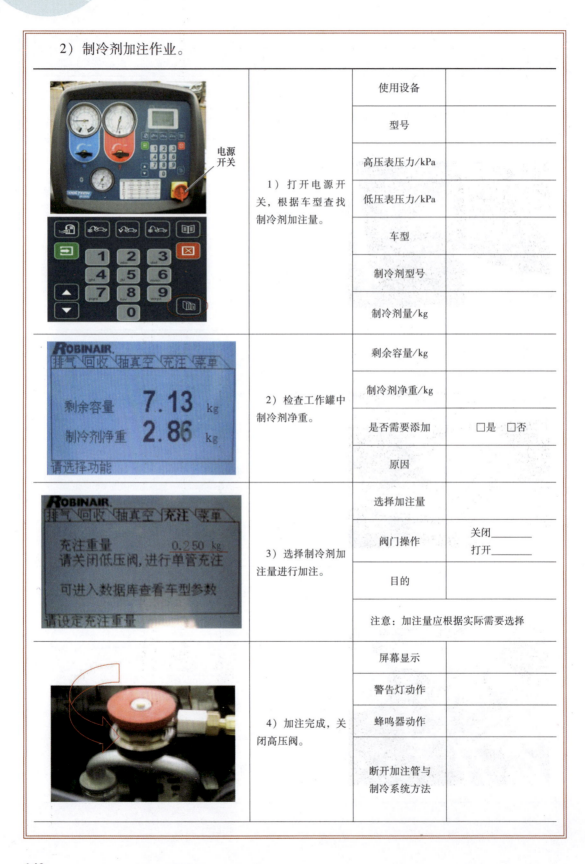

		使用设备	
		型号	
	1）打开电源开关，根据车型查找制冷剂加注量。	高压表压力/kPa	
		低压表压力/kPa	
		车型	
		制冷剂型号	
		制冷剂量/kg	
	2）检查工作罐中制冷剂净重。	剩余容量/kg	
		制冷剂净重/kg	
		是否需要添加	□是　□否
		原因	
	3）选择制冷剂加注量进行加注。	选择加注量	
		阀门操作	关闭_____ 打开_____
		目的	
		注意：加注量应根据实际需要选择	
	4）加注完成，关闭高压阀。	屏幕显示	
		警告灯动作	
		蜂鸣器动作	
		断开加注管与制冷系统方法	

3）空调性能测试。

	5）清理管路，取下软管。	屏幕显示	
		警告灯动作	
		蜂鸣器动作	
		阀门操作	
		取下高低压软管	□完成 □否
	1）打开所有车门，起动车辆，运转空调。	空调风量设置	□最小 □最大
		温度设置	□最高 □最低
	2）查找空调制冷系统是否有泄漏。	使用仪器	
		检测位置	
	3）对空调制冷系统进行压力检测。	低压侧压力	
		高压侧压力	
		正常与否	□是 □否
	4）出风口温度检测。	空调运转时长	
		出风口温度	
		正常与否	□是 □否

4）取下空调压力表组，完成制冷剂添加作业。

五、质量检查　　　　　　　　　成绩：

请实训指导教师检查本组作业结果，并针对实训过程出现的问题提出改进措施及建议。

序　号	评价标准	评价结果
1	空调系统作业准备充分	
2	制冷剂加注操作规范	
3	空调性能测试正确	
4	作业完毕后主动恢复场地	
综合评价		☆　☆　☆　☆　☆
综合评语 （作业问题及改进建议）		

六、评价反馈　　　　　　　　　成绩：

请根据自己在课堂中的实际表现进行自我反思和自我评价。

自我反思：_____

_____。

自我评价：_____

_____。

实训成绩单

项　目	评分标准	分　值	得　分
接收工作任务	明确工作任务，理解任务在车辆维护保养中的重要程度	5	
信息收集	正确描述空调制冷剂回收加注机的功能	2	
	熟知空调制冷剂回收加注机的控制面板的六个区	2	
	能画出制冷剂回收加注机对汽车空调进行保养的流程图	6	
	知道如何使用制冷剂回收加注机回收制冷剂	6	
	正确描述空调系统抽真空的操作过程	2	
制订计划	制订空调系统作业准备、制冷剂回收作业、抽真空、制冷剂加注、空调性能测试的作业计划	10	
	能协同小组人员安排任务分工	5	
	能在实施前准备好所需要的工具器材	5	
计划实施	在进行空调制冷剂相关操作时，首先预热车辆	5	
	使用空调检漏仪检测空调管路是否有泄漏	5	
	正确连接制冷剂回收加注机和车辆空调高低压检测阀口	10	
	正确使用制冷剂回收加注机加注适量的制冷剂	10	
	完成车辆测试操作并做好记录	10	
质量检查	学生任务完成，操作过程规范	10	
评价反馈	学生能对自身表现情况进行客观评价	3	
	学生在任务实施过程中发现自身问题	4	
	得分（满分100）		